生活·讀書·新知 三联书店

明宣德官窑蟋蟀罐

刘新园 著

Copyright © 2019 by SDX Joint Publishing Company.
All Rights Reserved.
本作品版权由生活·读书·新知三联书店所有。
未经许可，不得翻印。

图书在版编目（CIP）数据

明宣德官窑蟋蟀罐／刘新园著．—修订本．—北京：
生活·读书·新知三联书店，2019.6
ISBN 978-7-108-06358-8

Ⅰ.①明… Ⅱ.①刘… Ⅲ.①官窑－瓷器（考古）－研究－中国－明代
Ⅳ.① K876.34

中国版本图书馆 CIP 数据核字（2018）第 145306 号

责任编辑	唐明星
装帧设计	康　健
责任校对	常高峰
责任印制	宋　家

出版发行　生活·讀書·新知 三联书店
　　　　　（北京市东城区美术馆东街 22 号 100010）
网　　址　www.sdxjpc.com
经　　销　新华书店
印　　刷　北京图文天地制版印刷有限公司
版　　次　2019 年 6 月北京第 1 版
　　　　　2019 年 6 月北京第 1 次印刷
开　　本　720 毫米 × 965 毫米　1/16　印张 13
字　　数　50 千字　图 196 幅
印　　数　0,001-8,000 册
定　　价　88.00 元

（印装查询：01064002715；邮购查询：01084010542）

目　录

一　宣德帝与"促织之戏"　/ 001

二　有关蟋蟀的文献记载　/ 004

三　文献中的宣德官窑蟋蟀罐　/ 008

四　明御器厂故址出土的宣德蟋蟀罐　/ 013

五　明御器厂故址出土瓷器和蟋蟀罐的分期　/ 026

六　宣德官窑蟋蟀罐的造型与年款　/ 035

七　宣德官窑蟋蟀罐上的青花纹饰　/ 051

八　宣德官窑蟋蟀罐"斗盆""养盆"之辨　/ 076

九　清宫藏瓷中为何不见宣德蟋蟀罐　/ 084

十　小结　/ 90

跋　一本书、一个学者、一种研究
　　　——刘新园及其新著　尚　刚　/ 092

附一　宣德官窑蟋蟀罐图例　/ 102

　　　图一　景德镇出土宣德官窑蟋蟀罐全貌

　　　图二　青花行龙纹蟋蟀罐

图三　青花螭龙纹蟋蟀罐

图四　青花云龙纹蟋蟀罐

图五　青花鹰犬纹蟋蟀罐

图六　青花天马纹蟋蟀罐

图七　青花海兽纹蟋蟀罐

图八　青花莲池珍禽纹虫罐

图九　青花白鹭黄鹂纹蟋蟀罐

图十　青花汀洲白鹭纹蟋蟀罐

图十一　青花汀洲竹鸡纹蟋蟀罐

图十二　青花汀洲竹鸡纹蟋蟀罐（无款）

图十三　青花汀洲鸳鸯纹蟋蟀罐

图十四　青花凤凰云纹蟋蟀罐

图十五　青花凤穿花纹蟋蟀罐

图十六　青花樱桃小鸟纹蟋蟀罐

图十七　青花樱桃小鸟纹蟋蟀罐（无款）

图十八　青花牡丹纹蟋蟀罐

图十九　青花松竹梅蟋蟀罐

图二十　青花松竹梅蟋蟀罐（无款）

图二十一　青花瓜蒂绵连纹蟋蟀罐

图二十二　青花瓜蒂绵连纹蟋蟀罐（无款）

图二十三　青釉蟋蟀罐

附图　各式过笼（2014年出土）

（景德镇陶瓷考古研究所提供并测量）

附二　刘新园先生手稿（部分）　/ 188

一 宣德帝与"促织之戏"

明宣德帝——朱瞻基,从洪熙元年(1425)六月继皇帝位,至宣德十年(1435)元月病逝,年仅三十六岁(图一)。明王朝有国二百七十六年,宣德一代仅有九年零七个月,就整个明王朝来说,它有如短暂的一瞬,然而这却是明代最辉煌的一瞬。明史学家把这一瞬,比作西汉时代的所谓"文景之治"[1]——中国历史上难得一见的太平盛世。清初以谨严著称的学者,也给这一瞬以"纲纪修明,仓庾充羡,闾阎乐业,岁不能灾"的评价[2]。

从文献记载来看,宣德帝不仅在军政方面有卓越的才干,而且还有许多雅好,比如"留神词翰""尤工绘事"[3]"好促织之戏"[4]等。对宣德帝的前两种爱好,人们深信不疑,因为有一定数量的墨迹流传至今;而对后一种嗜好,则有不同看法,因为宣宗好蟋蟀的记载,大都出自晚明时代的野史笔记,且无实物证据。所以清初著名诗人王渔洋在阅读文学名著——《聊斋志异》中《促织》(一篇描写

---

1 (清)谈迁,《国榷》"宣宗·宣德十年"引明人何乔远的评论,北京:中华书局,1958年版,第1483页。
2 (清)张廷玉等,《明史》卷九《宣宗本纪》,北京:中华书局,1974年点校本,第125页。
3 (清)徐沁,《明画录》卷一,于安澜编:《画史丛书》第3册,上海:上海人民美术出版社,1963年版。
4 (清)蒲松龄,《聊斋志异》,上海:上海古籍出版社,1978年版,第489页。

图一　明宣宗朱瞻基画像，明，佚名，纵210厘米、横171.8厘米，台北故宫博物院藏

因宣德宫中尚蟋蟀，一平民几乎被官府逼得家破人亡的故事）一文后，便很有感慨地说：

> 宣德治世，宣宗令主，其台阁大臣，又有三杨（荣、溥、士奇）、蹇（义）、夏（元吉）诸老先生也，顾以草虫纤物殃民至此耶？惜哉！抑传闻失实耶？[1]

王氏在这里除对宣德间岁贡蟋蟀的史实表示怀疑外，他的"宣宗令主"、台阁贤良之类的议论，似乎还意味着：宣德帝不会或者说没有可能对微不足道的小虫——蟋蟀产生兴趣。

至于宣德朝是否有"岁贡蟋蟀"的命令，本文可以暂不讨论；而对宣德帝是否有蟋蟀之好，则应给予注意。因为历史不会被抹得无影无踪，假如皇帝真有此好，必然会在遗物方面留下蛛丝马迹。

---

[1] （清）蒲松龄，《聊斋志异》，第489—490页。

二　有关蟋蟀的文献记载

蟋蟀，属昆虫纲、直翅目、蟋蟀总科。本文所叙述的蟋蟀，属"斗蟋"（学名 Gryllus chinensis，图二）[1]。该虫在西汉时别称"蛩"，晋人以其鸣声如织，又称"促织"，明清时叫"蛐蛐"，据说是蟋蟀鸣叫的声音相转而成[2]。

中国最早的诗歌总集——《诗经》一书中，就有蟋蟀的习性与季候冷暖相关的描述[3]。美国大都会博物馆收藏的一幅宋画，就以《诗经·七月》为根据，把时间上有先后之分的事物，并列地摆在一个狭长的手卷上（图三），让人们在同一时空看到该虫"七月在野，八月在宇，九月在户，十月蟋蟀入我床下"的情景[4]。

蟋蟀（我国习惯称雄虫为蟋蟀，雌虫为三尾）在求爱时发出的鸣叫，婉转而又深情。6世纪齐梁时代的高僧——道贲，就把它比作大自然的箫管[5]；唐代天宝年间（742—755）的宫女，还把它装进金丝笼放在枕头边，于夜深人静时尽情地

1　关良、之骏编著，《蟋蟀新谱》，上海：上海科技教育出版社，1987年版，第5页。

2　（清）郝懿行，《尔雅义疏》下三《释虫》，清同治九年（1870）刻本，第9页。

3　（清）陈奂，《诗毛氏传疏》卷十《唐·蟋蟀》，上海：商务印书馆，1934年排印本，第10页。同书卷十五《七月》，第76页。

4　[美]方闻，《超越的描绘》，纽约大都会艺术博物馆，1992年英文版，第222—223页。

5　（唐）释道宣，《续高僧传》第六"释道超"条，日本大正新修《大藏经》第50册，第472页。

图二　斗蟋

欣赏它那如泣如诉的鸣奏[1]。它好斗的性格似乎在宋代才被人发现。从此,其"音乐家"的命运便宣告结束,而只能以"职业斗士"的姿态出现在中国了。当时的蟋蟀饲养者就像斗鸡、斗狗或者赛马者一样,他们利用两只可怜的小虫在相聚时一决生死的撕咬,来取乐、营利,并进而设赌。南宋《西湖老人繁胜录》记都城临安(今杭州)之蟋蟀市场时谓:

> (蟋蟀盛出时)乡民争捉入城货卖,斗赢三两个,便望卖一两贯钱。苕(若)生得大,更会斗,便有一两银卖。每日如此。九月尽,天寒方休。[2]

养虫、斗虫不仅在宋代市井流行,而且还影响到当时的官僚贵族,如《宋史》记载:当蒙古重兵围困襄阳,南宋王朝行将灭亡的前夜,醉生梦死的丞相贾似道

---

1 (唐)王仁裕,《开元天宝遗事》,陶宗仪等编:《说郛三种》,上海:上海古籍出版社,1988年版,第2382页。
2 (宋)西湖老人,《西湖老人繁胜录》,明《永乐大典》本,台北:文海出版社,1981年版,第29页。

图三 《诗经·七月》诗意图,宋,佚名,纵29.7厘米、横137.1厘米,美国大都会博物馆藏

还在"与群妾踞地斗蟋蟀"[1]。宋以后也和宋代情况约略相似,如明人陆粲在《庚巳篇》中,记载着一虫迷在他的"英勇善战"的蟋蟀死掉之后,竟然会像虔诚的佛教徒对待释迦舍利那样,"以银做棺葬之"[2]。清光绪年间(1875—1908)拙园老人《虫鱼雅集》中还说到北京的某玩家,为了纪念"打遍京城无敌手"的蟋蟀——"蜈蚣紫",在自家的花园中建立了"虫王庙",像祭奠祖先那样地祭奠蟋蟀[3]。

从有关文献来看,中国约在3000年前就有关于蟋蟀生态方面的描写,8世纪为了欣赏其悦耳的鸣叫而开始饲养,12—13世纪出现斗虫之风。明宣德年间(1426—1435)离宋代不足两个世纪,宫中尚促织之戏,当然不足为怪;但问题是宣德帝本人是否有此爱好,如果有,这位帝王必然会留下相当精美的虫罐(蟋

---

1 (元)脱脱等,《宋史》卷四百七十四《奸臣四·贾似道》,北京:中华书局,1977年点校本,第13784页。
2 (明)陆粲,《庚巳篇》,《说郛续》卷十四,陶宗仪等编:《说郛三种》,上海:上海古籍出版社,1988年版,第688页。
3 (清)拙园老人,《虫鱼雅集》卷一,清光绪甲辰(1904)排印本,第3页。

二　有关蟋蟀的文献记载 | 7

蟀罐)。这是因为从宋代开始，斗虫家十分讲究养虫的盆罐，如《西湖老人繁胜录》记南宋临安的斗虫者就拥有所谓"银丝为笼……黑退光（漆）笼……"之类，明人刘侗在《帝京景物略》中记当时北京人竟把蟋蟀罐称作"将军府"[1]。笔者认为，如果宣德帝果有此好，也不例外。

---

[1]（明）刘侗、于奕正，《帝京景物略》卷六《胡家村》录歙县闵景《观斗蟋蟀歌》，北京：北京古籍出版社，1980年版，第125页。

三 文献中的宣德官窑蟋蟀罐

关于宣德官窑以及宣德年间其他地点烧造的蟋蟀罐,明、清笔记有下列记载。

1.(明)沈德符《万历野获编》说:

今宣窑蟋蟀罐甚珍重,其价不减宣和盆也。[1]

2.(明)李诩《戒庵老人漫笔》卷一"陆墓促织盆"条谓:

宣德时苏州造促织盆,出陆墓邹、莫二家。曾见雕镂人物,妆采极工巧。[2]

3.近人徐珂辑《清稗类钞·鉴赏类四》"王丹思藏宣窑蟋蟀盆"条说:

(宣德)宫中贮养蟋蟀之具,精细绝伦,故后人得宣窑蟋蟀盆者,视若奇珍。

---

1 (明)沈德符,《万历野获编》卷二十四"技艺·斗物"条,北京:中华书局,1959年版,第625页。
2 (明)李诩,《戒庵老人漫笔》卷一,北京:中华书局,1982年版,第9页。

图四 "大明宣德制"蟋蟀罐，
李石孙《蟋蟀谱》刊

又说，王丹思购得的宣德戗金蟋蟀罐，为清初诗人吴伟业的旧藏，王曾作长歌纪事谓：

> 星移物换秋复秋，长闻唧唧虫吟愁。
> 金花暗淡盆流落，流落人间同瓦瓯。[1]

上列文献 1 与 3 所述，为景德镇官窑瓷盆，所谓"金花暗淡""同瓦瓯"者，当指宣德官窑的"贴金"或者"描金瓷器"，而不是其他材质的器皿，否则诗人就不会以瓦瓯相比了。文献 2 为苏州所烧的陶盆，则不属于本文讨论范围。遗憾的是，吴伟业与王丹思的旧藏未能流传下来，使我们无缘一见庐山真面目。

关于宣德官窑虫罐，除前述史料之外，近人还有以下记录。

1.1931 年李石孙《蟋蟀谱》卷一"盆考"条，绘有"大明宣德罐"线图一帧（图四），罐作筒形，盖面与罐身绘有四爪龙纹[2]。

---

[1] 徐珂，《清稗类钞》，引自《清稗类钞选：著述·鉴赏》，北京：书目文献出版社，1984 年版，第 366 页。

[2] 李石孙，《蟋蟀谱》卷一《盆考》插图七，民国二十年石印本，第 9 页。

图五 A　青花牡丹纹蟋蟀罐，明宣德，苏州文物商店藏，耿宝昌《明清瓷器鉴定》1993 年刊

图五 B　青花牡丹纹蟋蟀罐底款

三 文献中的宣德官窑蟋蟀罐 | 11

图六 黄地青花瓜叶纹蟋蟀罐,明宣德,直径 13.5 厘米,苏富比拍卖行《中国艺术品目录》1989 年刊

图七 青花怪兽纹蟋蟀罐,明宣德,日本户栗美术馆藏

2. 耿宝昌《明清瓷器鉴定》第三章，刊出一青花罐，缺盖，外壁绘牡丹，罐底有"大明宣德年制"六字楷书双圈款（图五A、图五B）[1]。

3. 苏富比（Sotheby's）拍卖行1989年11月在香港出版的一本《中国艺术品目录》，第45页刊出一黄地青花瓜叶纹虫罐（图六），罐盖正中有金属小钮，纹饰与常见宣德器一致，但无款[2]。

4. 日本户栗美术馆藏有一虫罐，底、盖均有六字楷书双圈款，罐身绘青花怪兽纹（图七），其造型与耿书中所录一致[3]。

细察以上图照，笔者以为：资料1所示线图盖罐上所绘龙纹，形象臃肿，毛发平披，为清代龙形，而不作竖发式，没有明代龙纹的特征，很可能是晚清的一件冒名伪器。资料2—4所述的花纹与景德镇近年来出土的永乐、宣德青花瓷器上的同类花纹相似，青料的色泽深沉、凝重，也与永宣时代所用"进口青料"相同，因而笔者以为年代可靠。

纵观以上史料，宣德官窑虫罐曾以其精美著称，在晚明就已和宋代宣和窑遗物的价格相当了。然而传世品异常稀少，如果加上李石孙刊出的一张线图，现存有记载的虫罐不过四件而已。但这四件虫罐上的花纹，都不是皇帝的专用纹饰，充其量只能说明宣德宫中曾养过蟋蟀，宣德帝是否真有蟋蟀之好，却还有待新的资料来证实。

---

1 耿宝昌，《明清瓷器鉴定》，北京：紫禁城出版社，1993年版，第50页。
2 见苏富比公司《中国艺术品目录》，1989年版，第45页。
3 [日]户栗美术馆编，《中国陶瓷名品图录》，东京：绿箱社，1988年日文版，第87页。

四　明御器厂故址出土的宣德蟋蟀罐

　　1982年11月，景德镇有关单位在珠山路铺设地下管道时，意外发现明御器厂故址。景德镇陶瓷考古研究所在珠山中路明御器厂故址南院的东墙边，发现了大量的宣德官窑残片。计有青花、祭红、蓝釉等，绝大多数器物都有六字或四字青花年款。在整理出土青釉瓷片时，曾拼合出一鼓形盖罐。该罐直径13.4厘米、高9.6厘米，通体挂淡青釉，并有细小纹片，口沿露胎处呈淡红色，近似宋龙泉青瓷上的所谓"朱砂底"。有盖，盖的直径与罐的口径一致（图八）。盖底与圈足正中有"大明宣德年制"青花双圈六字款[1]。经与晚清著名画家任伯年的《村童斗蟋蟀图》（图九）相比较[2]，二者造型一致，因而可以确认，珠山路出土的宣德青釉盖罐为蟋蟀罐。

　　1993年春，景德镇市政府在中华路平地盖房，景德镇陶瓷考古研究所在明御器厂东门故址附近开探沟一条，于沟的北端距地表深约1.5米的宣德窑渣中发现一呈窝状堆积的青花残片，经复原完整，为蟋蟀罐（图十）。其圈足与盖的内底都有"大明宣德年制"单行青花楷书款。罐底款竖排，盖内底款横排。紧接着又

1　刘新园，《景德镇明御厂故址出土永乐、宣德官窑瓷器之研究》，《景德官窑镇珠山出土永乐宣德官窑瓷器展览》，香港市政局，1989年版，第12—15页。
2　任伯年，《任伯年画集》，北京：中国民族摄影艺术出版社，2003年版，第290页。

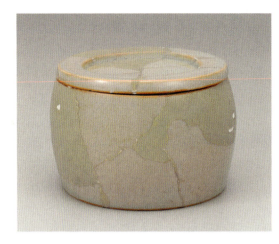

图八 平盖式青釉蟋蟀罐，明宣德，1982年景德镇珠山路出土，高9.6厘米、口径13.4厘米、腹径14.5厘米、底径13厘米，景德镇陶瓷考古研究所藏

在下层褐黄色的沙渣与祭红、白釉、紫金釉刻款碗盘废品堆积中，发现了另一窝青花瓷片，经复原，亦为蟋蟀罐[1]，随即又在同一地点发现了一置于蟋蟀罐（养盆）中的"过笼"。过笼，扇形两面绘青花折枝花，但无款，缺盖，和江苏镇江宋墓出土物一致，但比晚清苏州陆墓所出土过笼稍大。这件遗物即文献中所说的大名鼎鼎的"宣德串"（图十一）[2]。

以拼合复原出来的成品计，上下两层共出土虫罐21件，其造型虽与1982年

---

1 《景德镇发掘明宣德窑稀世珍品》，《光明日报》1993年10月7日，第一版。
2 过笼，为一两头有孔、顶端有盖、器身微弯作半圆形的小条状器物。镇江宋墓曾有出土，我国养虫者至今还在使用。它的作用有二：
一、使蟋蟀盆的空间更为丰富，在养盆中放置过笼，盆中不仅有大空间（盆腹）和小空间（过笼），而且还有走廊（蟋蟀可从笼中穿来穿去），蟋蟀在这样丰富的空间中活动，就像在大自然的砖石孔隙中生存一样。
二、如果把养盆打开，见光受惊的蟋蟀便会钻进稍暗的过笼中，换盆时，握住过笼两头，蟋蟀便不易受伤，比把蟋蟀抓在手中更好。（清）拙园老人《虫鱼雅集》"三门·汕罐"条谓："临对敌时，两家各起过笼在手。"又谓："串子即过笼，有许多名目，至好者曰宣德串。"见清光绪甲辰（1904）排印本，第10—14页。

四　明御器厂故址出土的宣德蟋蟀罐 | 15

图九 《村童斗蟋蟀图》，清，任伯年，纵176厘米、横47厘米，中国美术馆藏

图十　出土青花蟋蟀罐概貌，明宣德，1993年景德镇中华路出土，景德镇陶瓷考古研究所藏

图十一　1993年景德镇中华路出土青花过笼（缺盖）与苏州陆墓晚清陶质过笼比较

出土的青釉罐大致相同，但底款不同（图十二A），器盖大异。青釉罐的口径与盖的直径一致，青花罐盖的直径略小于罐口，盖正中心做一小孔，盖罐合拢时，盖陷于罐壁之中（图十二B、图十二C）。对照前述李石孙的《蟋蟀谱》，青釉罐为"平盖式"，青花罐则是所谓"坐盖式"虫罐。

就所谓坐盖式青花虫罐来看，因地层不同而有下列差异：

1. 上层出土的虫罐器壁较薄，下层出土的虫罐器壁则较厚；

2. 上层出土的虫罐内壁底部刷有一层极薄的釉层，并有意刷得凹凸不平，时见淡红色的瓷胎（即所谓窑火红），下层虫罐之内壁底因无釉而露出粗涩的瓷胎；

3. 上层出土的虫罐盖底与圈足都有单行六字年款，下层出土物全无年款；

4. 上层出土的虫罐纹饰有龙凤、海兽、松、竹、梅、瓜果、牡丹、樱桃及小鸟等，下层出土的虫罐仅有后四种纹样，而无龙凤、海兽之类；

5. 上层出土的虫罐上纹饰用笔清雅潇洒，下层出土的虫罐纹饰则画得较为粗重。

特别值得注意的是：上层出土的绘有龙纹的虫罐，其龙纹无论是云龙（图十三）还是行龙（图十四）均为双角五爪，即使是无角无鳞的螭龙纹（图十五），也画成五爪，以往的发现均为四爪。按元、明两朝的制度规定：凡饰有该类纹饰的器物，除帝王之外，其臣庶均不得使用[1]。故可以肯定：上述龙纹罐必为宣德帝的御用之物。至于出土于同一地层的饰有其他纹饰的盖罐，则由于封建时代有

---

[1] 关于双角五爪龙纹为帝王专用纹饰似始于元代，明代继承了这一制度。详见：

1. 沈刻《元典章》之《礼部、礼制、贵贱、服色、等第》第一款谓：在元代有极大特权的蒙古人亦不能穿有龙凤花纹的衣服，"龙谓五爪二角者"。

2. （明）李东阳等撰《大明会典》卷六十二《器皿》记洪武二十六年（1393）定，"公侯以至庶民所用器皿均不许雕琢龙凤纹"。见江苏广陵古籍刊印社影印明刻本，第1073—1075页。

3. （清）张廷玉等撰《明史》卷六十八《舆服志》也有类似的记载。见中华书局1974年点校本，第1672页。

图十二 A 1982年珠山路出土与1993年中华路出土蟋蟀罐的比较：1.中华路下层出土的无款罐，2.中华路上层出土的单行款罐，3.珠山路出土的圆款罐

图十二 B 1982年珠山路出土与1993年中华路出土蟋蟀罐的比较

四　明御器厂故址出土的宣德蟋蟀罐 | 19

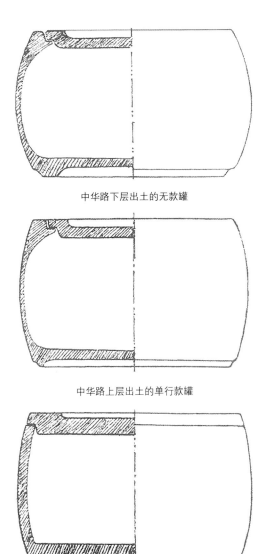

中华路下层出土的无款罐

中华路上层出土的单行款罐

珠山路出土的圆款罐

图十二 C　1982 年珠山路出土与 1993 年中华路出土
　　　　　蟋蟀罐线描图

图十三　云龙纹蟋蟀罐，明宣德，高 9.5 厘米、口径 13 厘米、腹径 14 厘米、底径 11.9 厘米，1993 年景德镇中华路上层出土，景德镇陶瓷考古研究所藏

图十四　行龙纹蟋蟀罐，明宣德，高 9.3 厘米、口径 13 厘米、腹径 14 厘米、底径 12.1 厘米，1993 年景德镇中华路上层出土，景德镇陶瓷考古研究所藏

图十五　螭龙纹蟋蟀罐，明宣德，高 9.3 厘米、口径 13.1 厘米、腹径 14.1 厘米、底径 12.1 厘米，1993 年景德镇中华路上层出土，景德镇陶瓷考古研究所藏

"上得兼下，下不得僭上"的规定[1]，他们既可能是皇帝的用器，也有可能为宫中其他人员使用的虫罐。

众所周知，景德镇明御器厂故址出土的瓷器，系官窑烧造的贡余之物，或者是因有小疵而落选的贡品[2]。由于官窑对产品的质量要求极高，而瓷器又最容易在烧制过程中出现毛病，当时的人为了确保贡品的质量，往往都要超额烧造；当合格品上贡之后，皇帝不需要、臣民又不能使用的贡余品与次品就必须砸碎埋藏。所以上述出土之物均属有意摧毁的"贡余品"或"次品"。

如果把上述中华路宣德窑址遗物堆积上层出土的"贡余品"或"次品"与同时代的其他系列的产品（如碗、盘类）相比较，可得出下列印象：

1　（宋）欧阳修、宋祁等，《新唐书》卷二十四《车服》谓："武德四年（621），始著车舆、衣服之令，上得兼下，下不得僭上。"见中华书局 1975 年点校本，第 511 页。

2　见第 13 页脚注 1、见第 14 页脚注 1。

图十六　四爪螭龙纹大盖罐，明宣德，高60.3厘米、口径31.8厘米、腹径52.6厘米、底径30.4厘米，1982年景德镇珠山路出土，景德镇陶瓷考古研究所藏

图十七　四爪螭龙纹梅瓶，明宣德，高54.4厘米、口径8.4厘米、腹径30.6厘米、底径16厘米，1984年景德镇珠山中路出土，景德镇陶瓷考古研究所藏

1. 出土的虫罐之底、盖内均书有青花年款，而带盖的产品如大盖罐（图十六）、大梅瓶（图十七）、僧帽壶以及娇小的梨形壶等，都只在器物肩部或圈足正中书款，器盖则均无年款。在一个带盖的器皿上书写两个年款者，除蟋蟀罐之外（图十八），笔者在出土物中仅见青花笔盒一例（图十九）。在笔盒上书写双款，显然因为它是喜爱书画的宣德帝看中的文具（图二十）[1]。而蟋蟀罐也用双款，则说明市井小民的玩物一旦得到帝王的青睐，其地位便会迅速提高。微不足道的虫罐在宣德年间已跻身于皇家文物清玩的行列，这显然是明宣宗既擅翰墨，又酷好蟋蟀的明证。

2. 出土的青花蟋蟀罐上的纹饰也较其他系列的产品更为丰富，如黄鹂白鹭、莲池珍禽、海东青与猎犬，以及灌木鹌鹑、洲渚水鸟等，都是不见于同时代的其他瓷器和工艺品上的绝无仅有的纹样。

综上所述，宣德官窑生产的蟋蟀罐，器型虽然不多，但年款郑重，纹饰特别新颖而又丰富。当时的御器厂在这些蕞尔之物上肯花费如此之多的功夫，显然是为了投合皇帝的促织之好。

以上遗物的出土完全可以证实：一代英主明宣宗也有与南宋昏相贾似道相同的爱好。假如清初诗人王渔洋也能见到这批遗物，便不会提出前述的一段疑问了。

---

[1] 关于带双款的笔盒，景德镇明御器厂故址曾有残片出土，尚未复原，但日本掬粹巧艺馆与英国大卫德基金会等单位均藏有完美的传世品。详见日本《世界陶瓷全集》第十一卷，河出书房新社版，第 75 页。

又，笔者按：宣德传世陶瓷中有折腰盖碗，碗盖与碗底书款，是为一器双款之第三例。

图十八　罐底与盖内书双年款的蟋蟀罐，明宣德，1993年景德镇中华路出土，景德镇陶瓷考古研究所藏

图十九　出土有宣德双年款的笔盒残片，明宣德，1982年景德镇珠山路出土，景德镇陶瓷考古研究所藏

四 明御器厂故址出土的宣德蟋蟀罐 | 25

图二十　青花宣德双年款笔盒，明宣德，长 31.8 厘米，日本掬粹巧艺馆藏

五　明御器厂故址出土瓷器和蟋蟀罐的分期

明御器厂故址出土的虫罐，其造型可分如下三式。

式一，圆腹坐盖，内壁挂釉而器底露胎，圈足边沿较宽，足内无款。

式二，圆腹坐盖，盖底与圈足中书"大明宣德年制"单行款（盖横排，罐竖排），圈足边沿较式一稍薄，内壁挂釉与式一同，但底部则有一层极薄的釉，且故意弄得凹凸不平，常常露出烧窑时因二次氧化而出现的淡红色的瓷胎。

式三，圆腹平盖，器内无釉，盖内底与圈足正中有一圆面挂釉，釉下有青花双圈双行六字纪年款。器壁较式二稍厚，与式一相近（见图十二A、图十二B）。

上述一、二两式1993年出土于景德镇中华路，并有明确的地层关系可考，由于式一被叠压在式二之下，故知式一年代较早，而式二要相对晚一些。式三1982年出土于景德镇珠山路，时间与地点都相隔较远，在造型上也有较大的不同，它与式一、式二的相对年代孰早孰晚呢？如果从类型学角度进行排比的话，可获得如下情况：

1. 从实用角度看，式三更为先进，因式一和式二为坐盖式，盖陷于罐壁之中，盖上无钮，开闭极其不便。而式三为平盖式，盖与罐的直径相等，开闭方便。

2. 从美术角度看，式一无款，式二为横竖单行款，式三则为六字双行双圈款。由于虫罐形圆，圆心缀以双圈款，显然要比式一——无款者更考究，比式二的横竖单行款和圆面结合得更完美和谐。

从上述两点看，式三应晚于式一、式二。但从器壁的厚薄与器内特征看，有可能得出完全相反的结论，因为：

1. 式一器壁较厚，圈足的边也较宽，式二则较薄，足边也只一线露胎，显得精致轻巧，而式三器壁与圈足形式与式一相近，式一与式三似为同一时期的遗物，应早于式二。

2. 式一罐内壁有釉，仅内底露胎，式二罐壁与式一同，而内底则刷一层极稀薄的釉，而式三器内全不挂釉，即使是平盖内底，也只在中心挂一小块釉，其他部分是瓷胎。根据这些情况，它不仅比式二显得更粗糙，而且比式一也显得更"原始"。那么式三的烧造年代是早于式一与式二，还是晚于式一与式二呢？我们很难为它们排出先后。

现在想要弄清它们之间的年代关系，就只能检索资料，考察与它们出土于同一地层的有关遗物（即所谓伴生物）了。

就景德镇珠山路与中华路两地出土的宣德器来看，其花色、品种都相当丰富，但在质量与比例方面却有明显的不同。如：

1. 出土于中华路的瓷器以白釉、红釉、紫金釉碗盘为主，青花瓷器要略少一些；珠山路出土的则以青花、红釉瓷器为多，白釉瓷器极少，前者与1982年永乐后期地层中出土瓷器的花色比例较为相近。

2. 出土于中华路的红釉、白釉碗盘多刻六字双行双圈款，笔画浅而轻，有些模糊不清；而珠山路出土的碗盘不见刻款，尽为青花双圈双行款。中华路出土物显然还沿永乐刻款旧例（即使用刻、印款），而珠山路出土物则已形成书写青花年款的风气。

3. 出土于中华路的白釉靶盏，多用铁料堆出三果（图二十一）或三鱼（图二十二），其器型也与永乐后期遗物相近；珠山路出土的白釉靶盏，全以铜红釉堆出三果（图二十三）或三鱼（图二十四），器型较小而丰富；显然前者为探索阶段的产品，后者则为成熟期的遗物。

图二十一　铁红三果靶盏，明宣德，高 11.6 厘米、口径 17 厘米、底径 4.8 厘米，1993 年景德镇中华路出土，景德镇陶瓷考古研究所藏

图二十二　铁红三鱼靶盏，明宣德，高 10.7 厘米、口径 15.1 厘米、底径 4.4 厘米，1993 年景德镇中华路出土，景德镇陶瓷考古研究所藏

图二十三 铁红三果靶盏，明宣德，高 10.3 厘米、口径 11.9 厘米、底径 5 厘米，1982 年景德镇珠山路出土，景德镇陶瓷考古研究所藏

图二十四 铜红三鱼靶盏，明宣德，高 9.2 厘米、口径 10.2 厘米、底径 4.8 厘米，1982 年景德镇珠山路出土，景德镇陶瓷考古研究所藏

图二十五　带座梅瓶，明宣德，高44.5厘米、口径6.6厘米、底径12.4厘米，1993年景德镇中华路出土，景德镇陶瓷考古研究所藏

4. 中华路出土的梅瓶多有器座，盖浅而小（图二十五），与元代造型十分相近。珠山路出土的梅瓶全部无座，其盖多做成钟形，为典型的宣德时期的造型。

5. 中华路出土的祭红器，釉层薄而光亮（成品率不高），且全为刻款。珠山路出土物釉层肥厚柔润，全为青花款，其成品率也比较高，显然前者早而后者晚。

综上所考可知，中华路出土的座盖式虫罐较早，珠山路出土的平盖式虫罐比较晚。至于式一与式二，由于有叠压关系，式一必早于式二，但就生产实际情况看，由于制瓷业工业垃圾量多，遗物堆积形成比较快，式一虽早于式二，但时间上不一定相隔很长，它们之间的时间差恐怕只在一两年之间。因此笔者把式一与式二都视为宣德早期的遗物。

但是式一与式二是否是宣德元年（1426）的制品，式三是否是宣德十年（1435）的遗物呢？笔者以为式一和式二以及与它们一道出土的瓷器，其烧造上限在洪熙元年（1425）九月，下限在宣德五年（1430）左右，因为：

1.《宣宗实录》"洪熙元年（1425）九月己酉"条（按：宣宗于该年六月继帝位）：

> 命行在工部（北京工部）江西饶州造奉先殿太宗皇帝几筵、仁宗皇帝几筵白瓷祭器。[1]

2. 同书，"宣德五年（1430）九月丁卯"条：

> 罢饶州烧造瓷器。初行在工部奏遣官烧造白瓷龙凤纹器皿毕，又请增烧，上以劳民费物，遂命罢之。[2]

---

[1] 《明宣宗实录》第16册，台北："中央研究院"历史语言研究所，1962—1968年版，第231页。
[2] 同上书，第19册，第1654页。

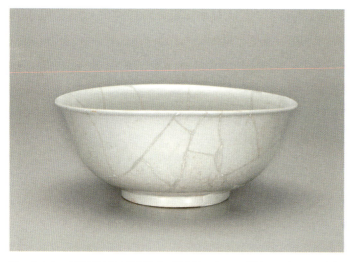

图二十六 A 白釉刻双角五爪龙纹碗,明宣德,高 11.5 厘米、口径 27.2 厘米、底径 12.9 厘米,1993 年景德镇中华路出土,景德镇陶瓷考古研究所藏

图二十六 B 白釉刻双角五爪龙纹碗底款

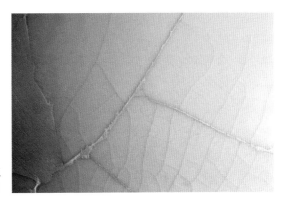

图二十六 C　白釉刻双角五爪龙纹碗龙纹细部

把考古资料与上列文献相对照，中华路出土物中有较多的白瓷碗盘和罐子。这里发掘的白瓷碗刻有五爪龙纹（图二十六），再印证《大明会典》中刊出的太庙祭器图（大羹）（图二十七）。笔者认为，此器是中央王朝在景德镇烧造的用于奉先殿的祭器，即所谓"白瓷龙凤纹器皿"。

而把珠山路出土物的烧造时间定为宣德八年至十年（1433—1435），是因前述《宣宗实录》记宣德五年停烧瓷器，宣德六年至七年（1431—1432）都没有烧造记录。至宣德八年《大明会典》才有"尚膳监题准，烧造龙凤瓷器，差本部官一员，关出该监式样，往饶州烧造各样瓷器四十四万三千五百件"的记载[1]，据此可以推定：宣德八年至十年是宣德官窑的第二次烧造高潮。其数量之大，十分惊人。而珠山中路发现数量极大的宣德官窑瓷片与形形色色的龙凤纹青花和红釉瓷器，则为《大明会典》的记录做出了具体而又可靠的注脚。

综上所述，式一、式二制于宣德元年至五年，式三为宣德八年至十年的晚期制品。把以上情况与传世品相对照，苏富比目录中刊出的青花坐盖式瓜叶纹虫罐制于宣德早期，耿宝昌介绍的青花牡丹纹虫罐与日本户栗美术馆所藏青花怪兽纹

---

[1] （明）申时行等，《大明会典》卷一百九十四《工部》，《续修四库全书》影印明万历内府刻本，上海：上海古籍出版社，1997年版，第331页。

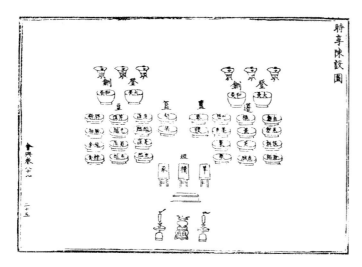

图二十七 《时享图》中的祭器（大羹），明，李东阳等《大明会典》，明刻本

虫罐则是宣德后期的制品。

至于宣德后期的虫罐为什么器内无釉，这个问题就只能留在下面的相关章节去考察了。

六　宣德官窑蟋蟀罐的造型与年款

（一）关于造型

从传世与出土的宣德官窑瓷器来看，其时的造型可分为如下三大类。

1. 沿用前代名窑遗物的造型。如台北故宫博物院收藏的青花斗笠碗与景德镇出土的祭红腰圆水仙盆等，前者造型来自宋代的定窑，后者则与宋汝窑青瓷水仙盆的造型一致；平口与花口折沿大盆的造型仿自元青花；常见的日用碗盘与靶盏之类，显然受到永乐官窑的影响。

2. 模仿伊斯兰风格金属器皿的造型，如青花单把水罐、扁壶、腰圆笔盒、短流直颈壶、金钟碗、钵盂等。

3. 创新之作，如鸳鸯形鸟食罐（图二十八）、竹节形鸟食罐（图二十九）、石榴形鸟食罐（图三十），壶类则有桃形壶（图三十一）、鸡头形壶（图三十二）等。

那么，宣德官窑蟋蟀罐又属哪一类型呢？前述明人沈德符《万历野获编》虽然提到过"宣和盆"，但至今都没有出土物和公认的宋罐传世，如果把注意力转向绘画与木刻板画则可获得以下几种资料。

一是台北故宫博物院藏宋代苏汉臣《秋庭戏婴图》一帧，图中小儿旁置有蟋

图二十八 青花鸳鸯形鸟食罐,明宣德,高 5.3 厘米、长 9 厘米、口径 2.2 厘米,1993 年景德镇中华路出土,景德镇陶瓷考古研究所藏

蟀罐四种[1]。

二是上海图书馆藏明万历木刻本《鼎新图像虫经》,刻出不同式样的虫罐计有六种,可以理解为宋器的有两种——"宣和盆"与"平章盆"(图三十三)[2]。所谓"宣和"为宋徽宗年号,宣和盆即徽宗宣和年间(1119—1125)所制的盆;"平章盆",似可理解为南宋昏相贾似道所用的虫罐,因贾似道在南宋王朝曾任平章军国重事一职,宋人习惯把这一职务简称"平章",当时有所谓"朝中无丞相,湖上有平章"之说。

三是民国二十年(1931)李石孙辑《蟋蟀谱》,刊出虫罐线图十帧,其中标出年代的有六种,即宋内府盆、宣和盆、平章盆、元至德(原文如此)盆、永乐盆、

---

1 台北故宫博物院编,《故宫书画图录》第 2 册,1989 年版,第 69—70 页。
2 (宋)贾秋壑,《鼎新图像虫经》,上海图书馆藏明万历刻本,图 4、图 6。

图二十九　青花竹节形鸟食罐，明宣德，高 5.1 厘米、长 10.2 厘米，1993 年景德镇中华路出土，景德镇陶瓷考古研究所藏

图三十　青花石榴形鸟食罐，明宣德，高 5.4 厘米、长 11.2 厘米、口径 2.2 厘米，1993 年景德镇中华路出土，景德镇陶瓷考古研究所藏

图三十一　红釉桃形壶，明宣德，高14厘米、口径3.3厘米、底径6.1厘米，1988年景德镇御窑遗址西侧出土，景德镇陶瓷考古研究所藏

六　宣德官窑蟋蟀罐的造型与年款 | 39

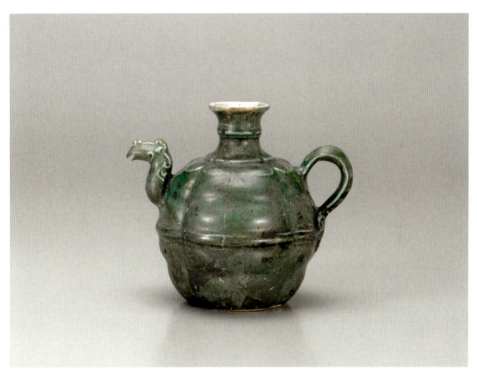

图三十二　绿釉鸡头形壶，明宣德，高 12.3 厘米、口径 3.8 厘米、底径 6 厘米，1988 年景德镇御窑遗址西侧出土，景德镇陶瓷考古研究所藏

图三十三　宋宣和盆（左）、宋平章盆（右），宋，贾秋壑《鼎新图像虫经》，明万历刻本

宣德盆[1]。

  如果把上述三种资料贯穿起来，似可列出如下程序，即北宋（宣和盆）—南宋（平章盆）—元（至德盆）—明初（永乐盆）—宣德盆。但我们却不能以此为根据画出由宋至明蟋蟀罐造型的演进过程，因为台北故宫博物院所藏《秋庭戏婴图》，书画研究界认为是"后代画家托名之作"。画上虽钤有"石渠宝笈初编"的印记，但《宝笈初编》却不见著录，故知画中乾隆的收藏印也是在乾隆以后加盖上去的。由于作品年代有疑问，我们就不能引以为据[2]。

1　李石孙，《蟋蟀谱》，民国二十年（1931）石印本，第1—10页。
2　台北故宫博物院编，《故宫书画目录》第2册，1989年版，第69—70页。

资料二为明万历间的木刻本，该书中刊出的"宣和盆"与"平章盆"，是否根据宋器绘出，虽还有待出土物来证实，但晚明文献常常把"宣和盆"与"宣德盆"相提并论（如前述《万历野获编》中讲到宣德盆的价格时就用宣和盆做过比较），我们似可把书中刊出的线图，视为晚明文人心目中的宋代宣和盆的造型。

至于资料三，则为20世纪30年代的作品。书中图版除宣和盆、平章盆来自明万历《鼎新图像虫经》之外，其他所谓宋、元、明虫罐均无根据，特别是宣德盆上的龙纹为近代形象，因此笔者认为《蟋蟀谱》中所标线图除图2、图3之外，其他图形都很有可能是根据清代或近人制造的冒名伪器绘出。

根据以上情况，现在勉强可以与宣德虫罐做比较的资料，就只剩下万历《鼎新图像虫经》中刊出的宣和盆（图三十三）与平章盆（图三十三）两例了。考宣和盆，三足，盖作尖顶，飞檐（盖大于罐口而向外飘出）；平章盆虽为平底，但盖的形制仍与宣和盆一致，两器均与宣德罐不同。显然宣德器和宋代虫罐在造型上没有联系。

那么出土虫罐的造型，是否是宣德窑的独创之物呢？

清初著名诗人朱彝尊（1629—1709）在《蟋蟀二首》诗中提到宣德盆时说：

冷盆宫样巧，制器自宣皇。[1]

据此，可知出土虫罐的造型在清初是被人称为"宫样"的。所谓宫样，即认为该器式样来自宣德宫中，显然是宣德官窑的独创之物了。在宋元时代的蟋蟀罐被发现之前，笔者同意清人朱彝尊的看法，即认为该式样的虫罐，始制于宣德官窑。

---

[1] （清）朱彝尊，《曝书亭集》卷二十三，民国间排印本。

（二）关于年款

就考古资料来看，有年款的官窑瓷器始见于永乐，但带款的永乐官窑器，也只有甜白和祭红靶盏两种，书体只见四字篆文，也只有刻、印两种形式，数量极为稀少[1]。至宣德情况大变，无论是从传世品还是从景德镇明御器厂故址出土的瓷器来看，其时的制品绝大多数都有年款，只不过早期的比较杂——既有刻款、青花款，又有铁绘款与釉上矾红款之类，其字数有四字、六字，字体有楷书与篆书（图三十四A、图三十四B）之分，排列形式有单行（横排、竖排）、双行、三行排及字外加双圈或单圈之类，这些情况应属初创阶段的多种尝试。而至晚期才出现清一色的楷书青花款，显然这时已形成书款制度，并有固定成式了。

关于宣德官窑瓷器，其年款字体虽有若干共同点，但书写水平还是有高低之别。也就是说，称得上结构严谨、笔法遒劲的年款并不多见。经多年观察，出土于明御器厂故址的成千上万的瓷器中，有如下几例水平较高值得介绍：

1. 斗彩莲池鸳鸯纹盘（图三十五A、图三十五B）；
2. 矾红彩龙纹靶盏（图三十六A、图三十六B）；
3. 孔雀绿地青花鱼藻纹碗（图三十七A、图三十七B）；
4. 青花五爪龙纹蟋蟀罐（图四十一）。

上述1为宣德官窑创新之物，2、3为罕见的品种，而青花五爪龙纹蟋蟀罐则为宣德帝的御用器。这些瓷器上的款字较其他瓷器上的精美，显然是因这些瓷器为皇帝使用或须经皇帝过目的产品，其底款当是明御器厂选择书法修养最高的工匠所书写。

前些年笔者曾把永宣瓷器上的年款，与明代初年最有影响力的一些书法家的墨迹进行过比较，结果发现瓷器上的篆书与楷书款都和著名书法家沈度的墨迹

---

[1] 刘新园，《景德镇明御厂故址出土永乐、宣德官窑瓷器之研究》，《景德镇珠山出土永乐宣德官窑瓷器展览》，香港市政局，1989年版，第4—43页。

六 宣德官窑蟋蟀罐的造型与年款 | 43

图三十四 A　天青釉靶盏，明宣德，高 11.7 厘米、口径 16.5 厘米、底径 4.8 厘米，1993 年景德镇明御窑厂东门附近（原景德镇政府院内）出土，景德镇陶瓷考古研究所藏

图三十四 B　淡青釉靶盏四字双图篆款

图三十五 A　斗彩莲池鸳鸯纹盘，明宣德，高 4.7 厘米、口径 21.5 厘米、底径 13.5 厘米，1988 年景德镇御窑遗址西侧出土，景德镇陶瓷考古研究所藏

图三十五 B　斗彩莲池鸳鸯纹盘底款

六　宣德官窑蟋蟀罐的造型与年款 | 45

图三十六 A　矾红彩龙纹靶盏，明宣德，高 10.5 厘米、口径 15.3 厘米、底径 4.4 厘米，1993 年景德镇中华路出土，景德镇陶瓷考古研究所藏

图三十六 B　矾红彩龙纹靶盏盏心年款

图三十七 A　孔雀绿地青花鱼藻纹碗，明宣德，高 4.8 厘米、口径 21.1 厘米、底径 13.4 厘米，1988 年景德镇御窑遗址西侧出土，景德镇陶瓷考古研究所藏

图三十七 B　孔雀绿地青花鱼藻纹碗底款

（图三十八）十分相似。那么沈度是否有可能为瓷器写款呢？明代著名的学者焦竑《玉堂丛语》卷七《巧艺》谓：

> 而度书独为上所爱。凡玉册金简，用之宗庙朝廷，藏秘府，施四裔，刻之贞石，传与后世，一切大制作，必命度书之。[1]

如果把焦竑的记载与前述《大明实录》洪熙元年命工部制造"奉先殿太宗皇帝几筵、仁宗皇帝几筵白瓷祭器"的诏书相印证，可知中华路出土的白瓷和其他龙凤纹瓷器上的六字楷书必出沈度手笔（即由沈度书写粉本后交景德镇工匠临摹在瓷器上），因为那些有龙凤纹的白瓷是用于"宗庙"的祭器。但宣德皇帝喜欢的蟋蟀罐并不用于宗庙，又非施之四裔的重器，即不能列入大制作，不能步入大雅之堂，其年款是否也由沈度书写粉本呢？笔者认为有可能出自沈度，也有可能出自宣宗御笔，因为美国哈佛大学沙可乐博物馆收藏的宣宗御笔《双犬图》（图三十九）与堪萨斯纳尔逊艺术博物馆收藏的宣宗御笔《一笑图》（图四十）上的宣德帝亲笔书写的记年题记[2]，与中华路出土的青花龙纹蟋蟀罐上的六字横、竖款有相似处（图四十一），明人又说宣宗书法"微带沈度姿态"[3]，因此笔者认为宣德帝为自己的心爱之物书写年款（粉本）下达御器厂，命工匠临摹上瓷，也不是没有可能的。

1　（明）焦竑，《玉堂丛语》卷七《巧艺》，北京：中华书局，1981年排印本，第257页。
2　黄宗贤等，《海外藏中国历代名画》第五卷，长沙：湖南美术出版社，1998年版，第15、第16图。
3　（明）沈德符，《万历野获编》补遗卷一《列朝》，北京：中华书局，1959年版，第790页。

沈度张桓墓碣铭

武英殿大学士临川金幼孜篆额
永乐廿一年元氏县主簿华亭张
君以疾致其事归聘之又四年为
宣德二年三月初十日终于家春
秋六十有九合葬俞山其元配章
氏之墓其孤晖奉右春坊庶子沈

图三十八　明朝沈度墨迹

图三十九　《双犬图》，明宣德二年，朱瞻基，纵 26.2 厘米、横 34.6 厘米，美国沙可乐博物馆藏

六　宣德官窑蟋蟀罐的造型与年款 | 49

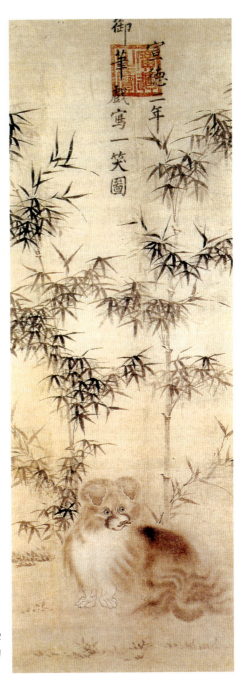

图四十　《一笑图》，明宣德二年，朱瞻基，纵202.2厘米、横72厘米，美国堪萨斯纳尔逊博物馆藏

图四十一　青花五爪龙纹蟋蟀罐上的单行款，明宣德，1993年景德镇中华路出土，景德镇陶瓷考古研究所藏

七 宣德官窑蟋蟀罐上的青花纹饰

上述虫罐上的青花花纹，如龙凤、海兽、花卉、瓜果之类，都见于明御器厂故址出土的永乐官窑瓷器，应属所谓常见纹样。但有一些却比永乐瓷器上的画得更精彩，如行龙纹，其形象就显得特别雄伟。而螭龙纹，以往发现的都画作四爪或三爪，而在虫罐上则作五爪，亦属仅见之物。尽管这些纹样画得比前朝更传神，或者更有趣，甚至在某些细部也有所变化，但其画稿仍来自永乐官窑，因而可以不论。现在需要讨论的，就是那些不见诸以往瓷器的几种崭新的纹样。

（一）鹰犬纹

绘鹰犬纹的虫罐一共出土两件，罐外壁绘一鹰追逐两只天鹅，一鹅向下，一鹅向前方惊慌逃窜。罐的另一面绘一土坡，坡上的芦苇与枯草在风中摇曳，草间有两只小鸟，一只向下飞去，一只站在芦苇上正准备起飞；罐盖绘老树一枝，枝上一巨鹰视线向下，望着土坡上杂草间的一只小犬，小犬望大鹰，竖耳聆听，显得十分灵敏（图四十二）。

由于鹰是鸟中的猎手，其性格勇敢顽强，其形象威武机警，其行动快速敏捷，因而成为唐宋以来画家们乐于描绘的对象。如唐代大诗人杜甫就留下一首脍

图四十二 A　鹰犬纹蟋蟀罐，明宣德，高 9.4 厘米、口径 13.2 厘米、腹径 14 厘米、底径 12.2 厘米，1993 年景德镇中华路出土，景德镇陶瓷考古研究所藏

图四十二 B　鹰犬纹蟋蟀罐线描展开图

七 宣德官窑蟋蟀罐上的青花纹饰 | 53

炙人口的五言律诗——《画鹰》[1]，清宫所藏书画中也有宋徽宗绘鹰的墨迹传存[2]。而瓷器上出现的鹰的形象却要晚一些。日本出光美术馆藏元青花骑马人物罐上绘有一带鹰的胡人，尽管鹰的形象画得俊美生动，但仅仅是作为一个附属形象出现[3]。到目前为止，最早的以鹰为主题的青花瓷，就要数现在讨论的宣德蟋蟀罐了。

纵览大量的传世与出土的宣德官窑遗物，除虫罐之外，其他器皿上都没有出现过鹰犬纹。景德镇御器厂在明宣宗使用的青花虫罐上绘制该类纹饰，显然与宣德皇帝的牧猎生活有关，因为鹰犬是猎人最好的帮手。查检明初画家商喜所绘《明宣宗行乐图》、佚名的宫廷画家所绘《明宣宗射猎图》（图四十三），画中虽有宣宗骑射，但无鹰犬跟随[4]，明代文献虽记录过宣宗的"游猎玩好"，亦未提及鹰犬[5]。当我们把注意力转向朝鲜文献时，似有可能获得一些信息。这是因为朝鲜半岛是优质鹰——"海东青"（鹰中之最俊者）与"玉松骨"之类的出产地，朝鲜又是大明王朝的属国，宣宗若有所求，朝鲜《李朝实录》中就必有反映。

就笔者查检明宣德元年至十年的《李朝世宗庄宪大王实录》，在这一时期明宣宗曾派遣内官尹凤、金满等至朝鲜取鹰索犬，朝鲜也遣所谓"进鹰使"至北京贡鹰，以及李朝为了满足宣德帝贪得无厌的要求，而采取的捕鹰、搜犬的措施，竟有四十八条之多[6]！如宣德四年（1429）十一月甲辰明使在朝鲜宣读宣德帝圣旨，谓：

> 惟王聪明特达，恭事朝廷，前遣人所进海青、鹰犬，足见王之至诚，

---

1 《全唐诗》卷二百二十四，上海：上海古籍出版社，1986年影印清康熙扬州诗局本，第543页。
2 台北故宫博物院编，《故宫书画图录》第1册，1989年版，第291、293页。
3 [日]出光美术馆编，《中国陶瓷》，东京：平凡社，1987年日文版，第143图。
4 故宫博物院编，《明永乐宣德文物图典》，北京：故宫出版社，2012年版，第93图。
5 （清）张廷玉等，《明史》卷一百六十二《陈祚传》，北京：中华书局，1974年点校本，第4401页。
6 吴晗辑，《朝鲜李朝实录中的中国史料》第1册，北京：中华书局，1980年版，第330、332—334、337—340、342、344、348、350—353、355—357、359—360、362—384页。

七 宣德官窑蟋蟀罐上的青花纹饰 | 55

图四十三 《明宣宗射猎图》，明，佚名，纵 29.5 厘米、横 34.6 厘米，故宫博物院藏

朕深嘉悦，兹遣内官金满赍敕谕王，特赐白瓷器十五卓。王国中有好海青及笼黄鹰大犬，寻访进来，尤见王之美意。[1]

又宣德五年（1430）四月记明使向世宗宣读宣德圣旨，谓：

王至诚事大，无一事或违。今进白角鹰，前后所无。一出于宋徽宗时，而画影一本流传而已。朕所常佩带环，今特函赐。[2]（按：宋人马和之有白角鹰画传存，图四十四。）

宣德帝把自己御用的带环和官窑白瓷赏赐给进鹰称旨的李朝庄宪大王，虫罐纹饰显然是他的"鹰犬之好"的反映，其鹰的形象也极有可能是来自朝鲜的海东青。

如果从绘画资料来看，鹰逐天鹅是宋以来花鸟画家们经常画的一种题材，但像这只罐盖上把鹰与犬画在一起的情况却十分罕见。不仅如此，画面上的鹰还显得特别大，犬则画得非常小（犬的形体只有鹰的二分之一），这种比例就必然包含着另一层意义。

元初监察御史刘郁曾至波斯参见伊利汗旭烈兀，他把从中国至波斯途中的见闻记录下来，写成了《西使记》一书。书中记述过中亚地区一则关于鹰与犬的有趣的传闻，似与罐盖上的画面有关，现抄录如下：

皂雕一产三卵，内一卵生犬，灰色而毛短，随母影而走，所逐禽，无不获者。[3]

---

1 吴晗辑，《朝鲜李朝实录中的中国史料》第1册，第351页。
2 同上书，第1册，第353页。
3 （元）刘郁，《西使记》题要，详见《四库全书总目》卷五十八《史部·传记类二》，北京：中华书局，1965年影印清刻本，第530页。

七 宣德官窑蟋蟀罐上的青花纹饰 | 57

图四十四 A 《古木流泉》图中的白角鹰，宋，马和之，纵 30 厘米、横 48.7 厘米，台北故宫博物院藏

图四十四 B 《古木流泉》图中的白角鹰（局部）

元末明初人陶宗仪在其《南村辍耕录》中再录了这则传闻，就较《西使记》更为具体。陶宗仪说：

> 北方凡皂雕作巢所在，官司必令人穷巢探卵，较其多寡。如一巢而三卵者，置卒守护，日觇视之，及其成殻，一乃狗耳。取以饲养，进之于朝。其状与狗无异，但耳尾上多毛羽数根而已。田猎之际，雕则戾天，狗则走陆，所逐同至，名曰鹰背狗。[1]

明末医学家李时珍在他的名著《本草纲目》中也记述过"鹰背狗"[2]，可见这则传闻在元明时代流传较广。

把前述刘郁与陶宗仪的记载与罐盖纹样互相印证，笔者认为宣德官窑工匠所绘，即是"鹰与鹰背狗"。因为：

1. 画面上的狗小而鹰大，相互瞻顾，情同母子。

2. 狗的耳背部仅用青料渲染，而不画毛，显然表示不是白狗或丝毛狗，而是毛短而灰的鹰背狗。

3. 小狗抬头仰望大鹰，注视着母亲的动向，显然在做好随母影而驰，追逐猎物的准备。

综上所述，笔者认为虫罐外壁所画之飞鹰，当以朝鲜进贡的海东青为蓝本。而罐盖纹样则是来自中亚的一则传闻，即能"产"狗的皂雕和所谓"鹰背狗"。虫罐上的两组纹样，显然是宣德帝有"鹰犬之好"的实证。

---

1 （明）陶宗仪，《南村辍耕录》卷七，北京：中华书局，1959年版，第92页。
2 （明）李时珍，《本草纲目》"禽部·雕"条，北京：人民卫生出版社，1982年版，1993年第7次印刷本，下册，第2673页。

（二）怪兽纹

画怪兽纹的虫罐出土两件，罐外壁绘树石怪兽（图四十五），罐盖仅绘同类怪兽一只而无背景。日本户栗美术馆藏有一青花虫罐，其纹饰与出土物相同，但罐盖却绘卷草纹，鉴于宣德虫罐罐壁与罐盖花纹题材必须一致，因此可知，户栗美术馆所藏的虫罐之盖不是原配的盖子。（按：珠山路曾有绘卷草纹的虫罐残片出土。）

以上所述出土与传世瓷器上所绘的怪兽，头尖四足，前肋间长肉翅一对，形象凶猛，奔驰于坡石与树木之间。

该纹样不见于前代瓷器，日本户栗美术馆的研究者把它定名为"应龙"[1]。

三国魏时张揖《广雅·释鱼》谓："龙，有翼曰应龙。"[2]明代著名史学家焦竑《玉堂丛语·文学》还记载了宣德帝与应龙的一段史实，现摘抄如下：

> 景陵（宣德帝葬景陵）一日禁中阅画，见龙有翼而飞者，讶之。遣问之阁中，三杨辈皆不能对，上顾诸史官曰："有能知之者否？"陈继时在下列，出对曰："龙有翅而飞，曰应龙。"问所出，曰："见《尔雅》。"命取《尔雅》视之，信然。[3]

若把上列权威文献所载与虫罐上的纹样做出比较，显然不符，因为：

1. 汉许慎《说文解字》谓龙为"鳞虫之长"[4]。而怪兽形体似狗，浑身长毛而无鳞，即使有翼也不是应龙。因为龙与应龙只有有翼和无翼的差别，而怪兽则不属"鳞虫"类。

---

1 ［日］户栗美术馆编，《中国陶瓷名品图录》，东京：绿箱社，1988年日文版，第87页。
2 （魏）张揖，《广雅》卷十《释鱼》，见《丛书集成初编》影印本，第134页。
3 （明）焦竑，《玉堂丛语》卷一《文学》，北京：中华书局，1981年排印本，第21页。
4 （汉）许慎，《说文解字》，清段玉裁注本第十一篇下《龙部》，上海：上海古籍出版社，1981年影印本，第582页。

图四十五 A　天马纹蟋蟀罐，明宣德，高 9.5 厘米、口径 13 厘米、腹径 14 厘米、底径 12 厘米，1993 年景德镇中华路出土，景德镇陶瓷考古研究所藏

图四十五 B　天马纹蟋蟀罐线描展开图

七　宣德官窑蟋蟀罐上的青花纹饰 | 61

2.《说文解字》又谓龙有"春分而登天,秋分而潜渊"[1]的习性,故大凡绘龙纹的工艺品,多以云水为背景,而怪兽则生活在树石之间,与龙的生态环境不同,因而不是应龙。

3. 与前述文献记载完全吻合的应龙纹瓷器,宣德官窑已有烧造,景德镇明御器厂故址也曾发现两件(图四十六):一件与英国大卫德基金会旧藏相似,一件为青花罐,尚未在传世品中见到。

那么,虫罐上的这只既非应龙又不是现实世界动物的怪兽,究竟是什么?当时人在瓷器上彩画它的目的何在?要探索这些问题,就只能求之于神话著作了。

众所周知,《山海经》是我国的一部最古老(约成书于战国至西汉)和最有影响力的神话与地理书。该书第三卷《北山经·北次三经》谓:

> 又东北二百里,曰马成之山,其上多文石,其阴多金玉。有兽焉,其状如白犬而黑头,见人则飞(清毕沅谓"言肉翅飞行自在"),其名曰天马,其鸣自纠。[2]

如果把虫罐纹饰与上述文献相印证,笔者认为"怪兽"即是天马。但这一想法似乎容易引起怀疑,因为怪兽与马的形象相差太远。但若把图样与文献对照,似无多大问题,因为:

1.《山海经》记载的天马,并不因为外形与马相似,而是因其鸣叫之声与"天马"二字的发音相近而得名,即所谓"其鸣自纠"。(按:纠,呼唤也,范祥雍先生校引《太平御览·兽部二十五》,"纠"即作"呼"。)

---

[1] (汉)许慎,《说文解字》,清段玉裁注本第十一篇下《龙部》,上海:上海古籍出版社,1981年影印本,第582页。

[2] (清)郝懿行,《山海经笺疏》卷三《北山经》,范祥雍补校本,上海:上海古籍出版社,2013年版,第111页。

七 宣德官窑蟋蟀罐上的青花纹饰 | 63

图四十六 应龙纹缸,明宣德,高 26.8 厘米、口径 59 厘米、底径 43.5 厘米,2003 年景德镇珠山路出土,景德镇陶瓷考古研究所藏

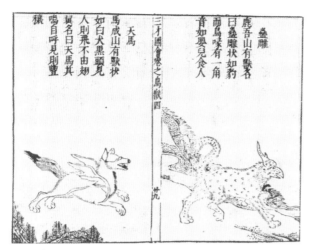

图四十七　天马图，明，王圻、王思义《三才图会》，明万历刻本

2.《山海经》记载的天马，除有一对用于飞翔的翅膀之外，其形如犬，显然与瓷器上的尖头四足、浑身披毛、两肋长有翅膀的怪兽吻合。

明嘉靖进士王圻在《三才图会》中，也曾以《山海经》为根据，绘制过一幅天马图。现在把它和虫罐上的纹样一同刊出，二图在艺术上虽有天壤之别，但所绘怪兽的特征却无重大差异。因而可以确定虫罐上的怪兽不是应龙，而是明初艺术家想象中的"天马"。

明王圻《三才图会·鸟兽》卷"天马"图上的说明文字谓：

> 天马
> 马成山有兽，状如白犬，黑头，见人则飞，不由翅翼，名曰天马，其名自呼，见则丰穰。（图四十七）[1]

---

[1]（明）王圻、王思义，《三才图会·鸟兽》卷"天马"条，上海：上海古籍出版社，1988年影印明万历刻本，第2235页。

这段文字显然来自《山海经》，但与前引《山海经》的原文对照，却有不同。王圻在"见人则飞"之后，加了"不由翅翼"四字，改"自纠"为"自呼"。这些变动还与原作出入不大，但引人注目的是："其名自呼"后，加了一句"见则丰穰"。（笔者按：唐颜师古注《汉书·韩信传》，谓"见，显露也"。又，《正字通》谓"穰，禾实丰熟也"。）这一句的出现，说明《山海经》中的"天马"，至迟在明代已经成为象征丰年的"瑞兽"了。当时人把这匹并不美观的怪兽画在瓷器上，显然是出于对丰年的渴望（即天马以图画的形式出现在瓷器上，也许会有预兆丰年的功能）。它出现在普通瓷器上可作如是观，但被工匠们郑重其事地画在宣德皇帝亲自使用的虫罐之上，就当有更深的一层用意了。

我们知道，宣德帝在很小的时候就得到了他祖父——永乐帝特别的钟爱，稍长，永乐帝就有意按儒家要求把他培养成未来的理想的"仁君"，故经常要他观察"农具及田家衣食，作《务本训》（即重视农事的指示）授之"。[1] 即使在大漠中讨伐元朝残余势力时，也要儒生——大学士胡广为带在身边的皇太孙"讲经论史"。[2] 宣宗继皇帝位后，以儒家标准来要求自己，自在意料之中。但不要忘记，这位君临天下的帝王，还是一个年仅二十六岁的青年，他富于艺术才华，并有多种多样的爱好，有些爱好如骑射、书画、辞章之类可以为朝中的儒臣所接受；有些爱好如"促织之好"就不一定符合儒家信条了。明人王世贞《弇州史料》录有宣德九年（1434）朝中要苏州进蟋蟀千只的文件，前述《万历野获编》说，这个文件是以"密诏"的形式发给况钟（苏州知府）的，[3] 这"密诏"正是宣德帝在尊崇儒术的同时，又不放弃个人欲望的明证。那么，用天马装饰蟋蟀罐，显然就是以

1　（清）张廷玉等，《明史》卷九《宣宗本纪》，北京：中华书局，1974年点校本，第115页。
2　同上。
3　（明）沈德符，《万历野获编》卷二十四"技艺·斗物"条："……最微为蟋蟀斗……我朝宣宗最娴此戏，曾密诏苏州知府况钟进千个。"北京：中华书局，1959年版，第625页。

明君自居的朱瞻基，用极委婉的形式向他的臣民表白自己：虽在玩物，而不丧志（即使在斗虫时，也不忘为民祈祷丰年），表白他在"万机之暇"的一点小小的爱好，与臭名昭著的南宋宰相——因好促织而误国的贾似道有"本质"上的不同。

综上所考，可知绘有天马纹的虫罐与《弇州史料》中辑录的宣德九年的密诏，对研究明初宫廷生活有同等重要的史料价值。

（三）莲池珍禽纹

彩绘莲池花鸟纹的虫罐仅出土两件，未见传世品。当时的设计者以变形荷叶与荷花布满罐壁，在预留的较小的空间之内缀以绶带、翠鸟、鸳鸯。特别值得注意的是，鸳鸯虽是一对，但只画雄而不画雌（即无与鸭子形象接近的雌鸟），这种处理花鸟关系与描画鸳鸯的手法，都与宋元瓷器上的同类纹样不同（如台北故宫博物院所藏宋定窑印花鸳鸯纹碟以及故宫博物院所藏元青花莲池鸳鸯纹大盘，图四十八）。宋元时代有莲池珍禽纹的瓷器，总是以鸟为主，以花叶为辅，故鸟的位置显著，占据空间也比较大。而宣德朝该类纹饰恰恰相反，即以荷花荷叶为主，鸟儿画得特别小，它显然与宋元工艺品无关。如果跳过宋元，把它和唐代工艺品上的花纹相比较，便会发现它们之间有着密切的联系。1970年西安市何家村出土的唐孔雀纹银箱，以及西安市韩森寨十字街出土的唐花鸟莲瓣纹高足银杯上的纹饰，以花叶为主，穿插其间的鸟儿都画得比较小，其构图风格与青花花纹相近。又如，西安市南郊何家村唐墓出土的印花银盒（图四十九）[1]，日本东京国立博物馆收藏的唐三彩鸳鸯纹陶枕（图五十）[2]，以及新疆吐鲁番出土的黄色蜡缬纱

---

[1] 以上所引唐代银器见镇江博物馆、陕西省博物馆编，《唐代金银器》，北京：文物出版社，1985年版，图99—105。

[2] ［日］《世界陶瓷全集》第十一册《隋·唐》卷，东京：小学馆，1976年日文版，图220。

图四十八　元青花大盘上的莲池鸳鸯纹，全器直径46.4厘米，故宫博物院藏

图四十九　唐代银盒上的花纹，西安市南郊何家村出土

图五十　唐三彩鸳鸯纹陶枕，长 12 厘米，日本东京国立博物馆藏

图五十一　唐代鸳鸯纹蜡缬纱，新疆吐鲁番出土

都有鸳鸯纹（图五十一）[1]，但都只画雄而不画雌，与明宣德莲池珍禽纹虫罐（图五十二）上的情况完全相同，而与宋元时代的同类纹饰不同。因此笔者认为上述虫罐纹饰必来自唐代金银器，或者借鉴唐代银器花纹而创作。这种情况在宣德官窑瓷器中极为罕见，应属绝无仅有的孤例。

（四）与绘画相关的纹样

宣德虫罐上既有传统纹样和前述几例罕见的图案，也有一组构图新颖、题材较为丰富的花纹，现略述如下：

图五十三中罐上出现的黄鹂白鹭，显然是绘唐代大诗人杜甫的"两个黄鹂鸣翠柳，一行白鹭上青天"的诗意。不过，我们在这里不讨论纹饰的内容，只关心它们的构图形式与艺术手法，因为这组纹饰在形式上和以往的瓷器花纹有如下的不同：

1. 该组瓷器纹饰都以较为写实的手法描绘对象，而不做变形处理。比如宋元时代用云龙纹装饰的瓷器，其云纹不是画作美丽的折带式就是画作四角式（其云的结构骨式作"卐"字形），而此罐纹饰不做变形处理，其手法相当写实，与绘画极为相近。

2. 该组纹样在构图时强调虚实与疏密的对比，一般来说近景为实，画得较少；远景为虚，占据空间大，其画面就显得特别空灵。而不像二方连续、四方连续以及适合纹样之类，讲究纹饰的全面分布，强调水路（即纹饰以外的空间）与节奏的均匀。

3. 在用色时强调远近与浓淡的变化，也就是说，近景画得比较浓，远景则用淡料绘出，不像图案画那样只讲究纹样的组织，而不强调远近关系。

---

1 出土文物展览工作组编，《文化大革命期间出土文物第一辑》，北京：文物出版社，1972年版，第105页。

图五十二 A　莲池珍禽纹蟋蟀罐，明宣德，高 9.4 厘米、口径 13 厘米、腹径 14 厘米、底径 12 厘米，1993 年景德镇中华路出土，景德镇陶瓷考古研究所藏

图五十二 B　莲池珍禽纹蟋蟀罐线描展开图

图五十三A　杜甫诗意图蟋蟀罐，明宣德，高9.5厘米、口径13.5厘米、腹径14厘米、底径12厘米，1993年景德镇中华路出土，景德镇陶瓷考古研究所藏

图五十三B　杜甫诗意图蟋蟀罐线描展开图

七　宣德官窑蟋蟀罐上的青花纹饰

如果避开造型，仅从纹样上着眼，那么罐盖上的花纹宛如南宋院体画家在团扇上作出的一幅幅花鸟小景；而展开的罐面纹样，则有如绘画中的横披或长卷中的若干段落，这些纹样的构图形式和前代常用图案不同，显然与绘画艺术有相当密切的关系。

明人王士性在《广志绎》一书中评论宣德、成化青花和五彩瓷器时说："然二窑皆当时殿中画院人遣画也。"[1] 过去由于所见宣、成瓷器以二方连续、四方连续以及适合纹样居多，因而未能引起注意；现在随着这组虫罐的出土，王士性的论断为探索虫罐纹饰的来源提供了线索；而虫罐纹饰又给他的记述做了丰满而又可靠的注释。

如果以王士性的论断印证明初画史资料，可知"殿中画院人"指的就是供职于仁智殿的宫廷画家。宣德早期有花鸟画名家边文昭，稍后的周文靖、石锐、商喜、商祚等均擅长"绘制花木与翎毛"[2]。

那么虫罐纹样又出自哪位画家的手笔呢？限于资料，本文虽不能做出更深一层的研究，但仍可肯定其"粉本"必出自这个群体。这是因为景德镇自有官窑之日伊始，其产品的造型与纹饰（即所谓"样制"）都由在京的相关机构中的艺术家设计。如《元史·百官四》记：元官窑（"浮梁磁局"）生产的御用器的造型与纹饰就由将作院诸路金玉人匠总管府中的"画局"所设计[3]。前述《大明会典》记宣德年间烧造御器之"样式"由尚膳监关出者，也就是说，其"样式"即器物的造型色彩和纹饰由宫廷画家设计之后，通过尚膳监下达景德镇御器厂按图烧造。

不过我们在追溯虫罐花纹的设计者时，也不能把宣德帝本人排除，因为这位帝王不仅仅是蟋蟀迷，而且也是"凡山水、人物、花卉、翎毛无不臻妙"的大画

---

1 （明）王士性，《广志绎》卷四《江南诸省》，北京：中华书局，1981年版，第84页。
2 （明）沈德符，《万历野获编》卷九"内阁·仁智等殿官"条谓："本朝……以技艺进者，俱隶仁智殿。"北京：中华书局，1959年版，第249页。
3 刘新园，《元青花特异纹饰与将作院所属浮梁磁局与画局》，见日本《贸易陶瓷研究》第三辑，1983年，中日文合刊本，第1—29页。

家，并且有"亲御翰墨以赐左右"的习惯[1]。这位既擅长绘画又喜欢斗虫的宣德帝，为自己喜爱的虫罐设计一两个纹样，交景德镇御器厂工匠描绘，或者遣"殿中画院人"来景德镇制作，也不是没有可能的。

综上所考，明御器厂故址出土的一组虫罐上的花纹，是宣德时宫廷画家为青花瓷器设计纹饰的最确凿的证据。因而它们不仅仅是研究陶瓷史，而且也是研究明初绘画史的最可靠、最权威的资料之一。

---

1 （清）徐沁，《明画录》卷一，于安澜编：《画史丛书》第 3 册，上海：上海人民美术出版社，1963 年版。

八 宣德官窑蟋蟀罐"斗盆""养盆"之辨

从前述文献来看，中国人饲养蟋蟀始于唐代。但唐人装盛蟋蟀的器具却与后代不同，也就是说，唐人养蟋蟀像养鸟一样，用的是"笼"（一种有空隙的编织物），而后代人用的则是有盖的盆或者罐。

蟋蟀是一种所谓"阴虫"，喜欢阴暗而又潮湿的环境[1]。显然用带盖的盆罐饲养，要比用金丝笼、银丝笼[2]或者象牙雕刻笼[3]之类科学得多。

那么，用盆罐养蟋蟀始于何时呢？就前述《西湖老人繁胜录》来看，似始于南宋。因书中谈到南宋杭州虫具时，已列有"瓦盆"，但在记述瓦盆的同时，也记述了笼，因此可以认为其时为笼、罐并用期。南宋至明初因史料缺略而情况不明，但可以肯定在明宣德时斗虫者已扬弃笼养旧法，而普遍使用盆罐饲养。至明代晚期，文献中出现了"斗盆"一词，这显然是储虫盆罐又有分工的标志。明刘侗《促织志》记当时京师斗虫情景，谓：

---

1 孟昭连，《蟋蟀秘谱》，"序言"，天津：天津古籍书店，1992年版，第7页。
2 详见前述《开元天宝遗事》与《西湖老人繁胜录》。
3 （宋）顾文荐，《负暄杂录》"禽虫善斗"条，见陶宗仪等编，《说郛三种》，上海：上海古籍出版社，1988年版。

> 初斗，虫主者各内虫乎比笼，身等，色等，合而内乎斗盆。虫胜主胜，虫负主负。胜者翘然长鸣，以报其主。[1]

这里提到的"斗盆"显然是针对养蟋蟀的盆子而言的。那么斗盆与养盆又有哪些不同呢？清乾隆朱从延辑《蚟孙鉴》"盆栅名式"条说：

> 初用绝大蛋盆，名曰斗盆。继用圆栅，以纸为之，如帽笼式，而上无遮盖。每致交口，有跳出栅外者，且其内广阔，猝难凑头，此未尽善之式也。后改为长栅，亦曰方栅，如书本样，而稍狭，高寸余……[2]

上述"蛋盆"与"方栅"还可以通过图画看到其具体情形。

1. 日本出光美术馆所藏明嘉靖官窑青花婴戏大盖罐，腹部绘三童围着一小桌，桌上放着大罐，一小儿右手拿着一根细长的针状物正往盆中拨弄（图五十四）。对照今日斗虫情景，显而易见，小儿手中针状物，就是顶端粘有鼠须的"芡"——为了挑逗蟋蟀角斗而使用的工具。而那个大大的罐子（盖放在左侧）就是前述文献中所说的"斗盆"。

2. 清光绪十一年（1885）上海出版的《点石斋画报》刊有一张斗蟋蟀的线图（图五十五），图中多宝格与茶几上都摆着圆圆的带盖的桶式罐子，许多人围着方桌，都注视着桌上的一个方盆，一个拖长辫、戴眼镜的中年人手里拿着一根细长的针状物（"芡"）。方而且矮的盆子，即前述文献中所说的"方栅"。而放在多宝格与茶几上众多的圆罐，即是养蟋蟀的常用罐子，即所谓"养盆"。

如果把出土的宣德虫罐（图五十六）与青花瓷罐上画的斗盆相比较，从图画中的人与罐的比例上看，图画中的罐子大而宣德虫罐则比较小；若与线图相比

---

[1] （明）刘侗，《促织志》"斗"条，见陶宗仪等编：《说郛三种》，上海：上海古籍出版社，1988年版。
[2] （清）朱从延辑，《蚟孙鉴》续"盆栅名式"，中国科学院图书馆藏清刻本，第56页。

图五十四　青花婴戏纹罐局部，明嘉靖，日本出光美术馆藏

图五十五　斗蟋蟀图，清光绪，多宝格中与几案上桶式罐为养盆，大桌上方形盆即方栅

图五十六　出土宣德罐与传世陶质养盆比较，出土器虽与晚清的方栅不同，但倒与多宝格中与几案上的养盆相似

较，不仅和斗蟋蟀的方盆不同，反而跟放置在几案与多宝格中的养罐十分相似。那么，出土的宣德瓷罐是"养盆"还是"斗盆"呢？笔者认为是"斗盆"。因为：

1. 瓷质盖罐不能饲养蟋蟀。对蟋蟀的饲养有着较深研究的孟昭连在论述养虫的盆罐时说："金、玉、戗金（按：描金瓷器），皆不如陶盆为佳。"[1] 笔者曾就此访问过有经验的养虫家，他们说不仅金、玉与瓷器，凡分子结构致密的材料都不能用以制作养蟋蟀的罐子。蟋蟀虽然喜欢较为阴暗的环境，但暗必须透气，阴不能积水。用瓷器做虫罐，虽有阴而暗的优点，但由于瓷胎致密，存放在罐中的蟋蟀饲料，因不渗水不透气，而容易腐烂，蟋蟀也会在这样缺氧的环境中窒息致死。因此我国南、北斗虫家都用陶罐，而绝无用瓷罐养蟋蟀的实例。

1　孟昭连，《蟋蟀秘谱》，"序言"，天津：天津古籍书店，1992年版，第14页。

2. 出土瓷罐有斗盆的特征。就斗虫家的经验来看，他们认为斗盆的底不能光滑，但又不宜粗硬，因为二虫相斗时用力极猛，盆底光滑，容易滑倒；而盆底粗硬，又会把虫的足锋磨伤。笔者曾就这些要求检查过出土虫罐，发现第一式（无款罐）内壁有晶莹的釉层，而内底则不挂釉，裸露着的瓷胎，显然是为了防止斗虫滑倒而设计（图五十七）。第二式（单行横、竖款罐）内壁与第一式同，但内底已有一层极稀薄的釉层，而且有意刷得不平、不满，有不少地方还有露胎的痕迹（图五十八）。该类虫罐的底部，很可能是为了避免粗硬的瓷胎把斗虫的足锋磨伤而设计。但即使如此，也还会产生打滑的现象。而第三式（即双行双圈款罐）不仅底部无釉，内壁也不挂釉，这显然是对第二式的否定，但也不是对第一式的重复（图五十九）。因为前述《蚟孙鉴》曾记宣德间：有一种"夹底盆，内用磨细五色砖片，间杂成纹镶于盆底，如铺方砖式"。[1] 因此笔者认为第三式虫罐即是夹底罐的半成品。其铺砖工作很可能是运往北京后再完成，其无釉的内壁，显然是为了便于用胶粘紧砖片而需要的糙面。底部铺砖的斗盆，有涩而不粗、细而不滑的特点，蟋蟀在上面搏斗，就不会有打滑或磨伤足锋的危险了。这类罐子是最佳的斗盆。

既然瓷罐是斗盆，那么宣德宫中又使用什么样的盆罐来养蟋蟀呢？联系前述明人李诩《戒庵老人漫笔》中的有关记载，可知其时宫中饲养蟋蟀的器具，是苏州陆墓一带烧造的陶质盆罐。就现今传世的陆墓陶罐来看，有不少有宣德年款（美国大都会艺术博物馆就藏有这类陶盆），但由于无出土的标准器，人们都不敢确认。王世襄在其《秋虫六忆》一文中，介绍了一件可以被认为是宣德年间的陶质养盆（图六十 A、图六十 B、图六十 C）。该盆刻双狮绣球纹，直径 13.7 厘米，底刻阳文"大明宣德年制"六字单行竖款[2]。对照前述明御器厂故址出土的虫

---

1 （清）朱从延辑，《蚟孙鉴》续"盆栅名式"，中国科学院图书馆藏清刻本，第 58 页。
2 王世襄，《秋虫六忆》，《中国历代蟋蟀谱集成》，上海：上海文化出版社，2012 年版，第 50—51 页及书前图版第 3 页。

八 宣德官窑蟋蟀罐"斗盆""养盆"之辨 | 81

图五十七 第一式内壁挂釉内底无釉蟋蟀罐,景德镇陶瓷考古研究所藏

图五十八 第二式内壁挂釉内底施极薄釉蟋蟀罐,景德镇陶瓷考古研究所藏

图五十九 第三式内壁内底均无釉蟋蟀罐,景德镇陶瓷考古研究所藏

图六十 A　陶质狮纹养盆，明宣德，径 14.5 厘米，
王世襄《秋虫六忆》2012 年刊

图六十 B　盆盖正面拓片，径 13.7 厘米

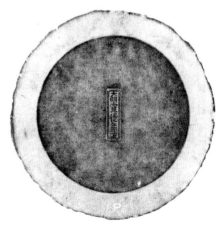

图六十 C　盆盖背面宣德年款拓片，径 14.4 厘米

罐，王世襄介绍的刻花陶盆，与中华路的故址上层出土的有单行年款的青花瓷罐的造型、容量与款式大致相同。如果传世刻花陶盆的烧造年代可靠，本文可得如下结论。

1. 晚明文献中所述的"斗盆"与"养盆"之类，早在明宣德年间已经出现。

2. 其时的"斗盆"与"养盆"只在材质方面有所不同（即斗盆用瓷，养盆用陶），在容量与造型方面尚无根本差别。

3. 联系实物与史料，前述《蚟孙鉴》一书中所说的用"绝大蛮盆作斗盆"的制度，很可能出现在宣德以后约一个世纪的明世宗嘉靖年间（1522—1566）。

按常理推想，明清文献中常说的"宣宗好促织之戏"的"好"，照笔者理解，并非好养，而是好斗。欣赏蟋蟀搏斗时的英姿，欣赏得胜者那飞舞的双须（很像京剧中小生所扮的周瑜与吕布头盔上的翎子。笔者认为，戏曲服饰中的翎子的设计很可能受到蟋蟀双须的启示）与欢快的鸣叫，以及失败者仓皇逃窜的情景，自然是"太平天子"[1]在"万机之暇"，有益于身心的乐事；而养蟋蟀的十分烦琐而又复杂的劳动，就当然要由宫女或太监们去承担了。与此相应，景德镇御器厂烧造的斗盆，必由宣德帝亲自使用；而苏州陆墓烧造的陶罐，则常在宫女或太监们之手，就不一定与皇帝直接接触了。这也许是宣德官窑蟋蟀罐胎釉精良、纹饰年款俱美的原因。

---

1 （清）张廷玉等，《明史》卷九《宣宗本纪》谓："永乐帝每语仁宗（洪熙帝）曰：'此（按：指宣德帝）他日太平天子也。'"北京：中华书局，1974年点校本，第115页。

九　清宫藏瓷中为何不见宣德蟋蟀罐

从明御器厂遗址的出土物与传世的明官窑瓷器来看，宣德时代创烧的蟋蟀罐，在宣德以后的一个世纪里，明御器厂都不再烧造，直到嘉靖、万历之际，才有少量的青花和五彩虫罐出现[1]。这些现象似可暗示宣德以后的正统、景泰、天顺、成化、弘治、正德诸帝都没有玩蟋蟀的兴趣。宣德时代的斗虫与养虫之风在明代中期的紫禁城里已经悄然消逝，否则，明御器厂就不会停止蟋蟀罐的生产。

如果再把注意力转向清宫旧藏的宣德器（按：清宫旧藏宣德器1774件，大多数是从宣德朝传存下来的，现藏台北故宫博物院，是此方面现今最有权威的收藏）[2]，把清宫旧藏与明御器厂遗址的出土物相比较，我们又会发现传世品与出土物绝大多数都能相互印证。然而令人感到奇怪的是，明御器厂遗址出土的彩饰极其精美独特的蟋蟀罐，在清宫所藏1774件宣德瓷器中竟然没有发现一件！

这些现象似可说明宣宗病逝之后，宣德帝亲自使用的蟋蟀罐没有被他的继承人——正统帝朱祁镇当作"先朝遗物""先帝遗爱"而保存下来。这又是为什么呢？要拨开这层迷雾还得先从考古资料谈起。

综观明一代的官窑产品，尽管量多而又式繁，如从功能上观察，也只有如下

1　插图详见苏富比1996年3月在美国纽约的拍卖目录，第168页。
2　台北故宫博物院、台北博物院理事会合编，《故宫瓷器录》上册，1964年版，第1—263页。

几类：

1. 饮食器类：碗、盘、杯、碟等。
2. 祭祀器类：香炉、烛台、爵杯、簠、簋、登、豆之类。
3. 陈设器类：花瓶、罐与雕塑之类。
4. 赏赉器类：送给少数民族首领及宗教领袖和外国使节与外国贵族的瓷器。
5. 文房器类：水注、砚滴、笔盒、瓷砚之类。
6. 花鸟虫鱼用器类：种花用的盆钵、鸟食罐、鸟笼、花瓶、鱼缸、蟋蟀罐、过笼等。

如果把明朝各代御器厂烧造的以上所述的第6类瓷器放在一起进行比较，则很容易得出如下的结论：宣德时代的花鸟虫鱼用器，比它以前的洪武和永乐及它以后的正统至万历诸窑所产，其品种更为丰富，其制作更为考究，其数量也要大得多。

就1982年以来景德镇明御器厂故址出土的瓷器来看，宣德花盆、花钵类有：白釉折沿平口钵、白釉折沿花口钵、青花红彩花卉纹花口钵、青花红彩折沿钵、青花七棱折枝花钵、青花灵芝纹四方钵、青釉仰钟式钵、青釉六边六足花盆。

腰圆四足水仙盆则有红釉、紫金釉、洒蓝和孔雀绿四类，六边形水仙盆有青花灵芝纹与素白两式。以上各式花器计有十四种。

鸟食罐则分单口、双口、象生与几何形诸类，约计十四式，鸟笼花瓶虽为蕞尔之物，也分四方琮形、贯耳胆形、蕉段、竹节与葫芦形诸式[1]。

蟋蟀罐则已如上述。

以上所列的千姿百态的鸟食罐、虫罐与花盆、花钵之类告诉我们，宣德帝不仅仅有蟋蟀之好，而且还热衷于名贵花木的种植与禽鸟的饲养。

就皇帝而言，有点爱虫怜花的雅好本无可厚非，但由于臣工投其所好，很容

---

[1] 刘新园，《明宣宗与宣德官窑》，《景德镇出土明宣德官窑瓷器》，台北：鸿禧美术馆，1998年版，第167—174页，第31—39、54—57图。

易出现"上有所好，下必甚焉"的风气。这一风气一旦形成，小小的花木与虫鸟就会给人民造成灾难，给社会增加沉重的负担。为长者避讳的《大明实录》等官书虽然没有相关的记录，但明人的野史笔记与朝鲜《李朝世宗实录》却透露了许多真信息。

明代陆容《菽园杂记》卷七记有：

> 然宣德年间，朝廷起取花木鸟兽及诸珍异之好，内官接迹道路，骚扰甚矣。[1]

朝鲜《李朝世宗庄宪大王实录二》宣德七年（1432）十二月记朝鲜籍内官尹凤，谓：

> 凤，本国火者（笔者按：太监）也，初在瑞兴，甚贫贱。永乐年间（1403—1424）被选赴京，出入禁闼，于今三世。欺诳帝聪，以捕海青、土豹、黑狐等事连年来我，贪求无厌，恣行己欲，于瑞兴（笔者按：朝籍内官的故乡）起第，将为退老之计，土田臧获，腼而求请，以备家产。使弟重富位至中枢，至于亲族靡不受职，其蒙国家之恩至矣。犹为不足，鞍马、布币，亦区区请之，无耻甚矣。本国之人为本国之害，使吾民奔走疲毙，其于昌盛、张定安何足责乎！[2]

关于朝鲜籍内官昌盛，同书宣德四年（1429）八月记朝鲜世宗与左右言：

> 使臣李相，甚不肖人也，所至辄打人。以本国之人而敢肆刚愎，岂

---

[1]（明）陆容，《菽园杂记》卷七，北京：中华书局，1985年版，第80页。
[2] 吴晗辑，《朝鲜李朝实录中的中国史料》第1册，北京：中华书局，1980年版，第365页。

复有如此者乎！予又闻昌盛盗迎接都监银钵。又所过州县，如交倚、坐子等物，见其美者便取之……[1]

又，记宣德三年（1428）九月郑钦之言：

> 尹凤谓予曰："洪熙沉于酒色，听政无时，百官莫知早暮。今皇帝（宣德帝）燕于宫中，长作杂戏。永乐皇帝虽有失节之事，然勤于听政，有威可畏。"凤常慕太宗皇帝，意以今皇帝为不足矣。[2]

又，宣德六年（1431）十二月记朝鲜世宗对安崇善说：

> 尹凤云："帝(指宣德帝)好游戏，至一旬不谒皇太后，且后宫争妒，宫人所出潜相杀之。皇太子亦轻佻。"此而不讳，其意必怨也。[3]

把陆容的记载与《李朝世宗实录》和前述第6类瓷器相互印证，人们不难想象，宣德时官府拆民墙捕虫、发民屋移花，太监借机敲诈民财、沿途勒索民物的情景。明宣宗的蟋蟀与鹰犬之好，与宋徽宗的花石纲多么相似啊！

我们知道，中国皇帝有至高无上的权威，他错误的决策、不良的嗜好，在他活着的时候，其臣民是不敢轻易议论表示不满的。然而一旦皇帝宾天，情况就会两样，他的继承人往往在缅怀先帝的丰功伟绩、表示沉痛哀悼的同时，加紧部署制定和先帝意愿完全相反的措施。比如，永乐帝为耀威异域命郑和七下西洋（笔者按：第七次下西洋因永乐帝病逝而未果），给人民带来沉重的经济负担；从南

---

[1] 吴晗辑，《朝鲜李朝实录中的中国史料》，第1册，第350页。
[2] 同上书，第1册，第343页。
[3] 同上书，第1册，第362页。

京迁都北京，大兴土木致使国库空虚。他活着的时候，其臣民似无异议，而病死榆木川，皇太子洪熙帝继位之后，立即发布命令取消宝船下海，并做出把国都从北京迁往南京的决定[1]。

宣德帝的情形也当如此。宣宗少年得志，自尊心极强，宣德五年（1430）二月有监察御史陈祚建议他研读真德秀《大学衍义》一书，他竟然认为陈祚藐视他"不学无术"而勃然大怒，把陈祚和他的家人十余口投入监狱[2]。那么，他指派太监到全国各地甚至远至朝鲜搜刮"鸟兽花木与诸珍异之好"；密令苏州知府况钟进贡蟋蟀千只，用世袭的官职赏赐蟋蟀进贡者的荒唐行为[3]，当时的人也就只能敢怒而不敢言了。

宣德十年（1435）正月，宣德帝病死，其皇位由他年仅八岁的儿子——正统帝朱祁镇继承。朝政由宣德帝的母亲、太皇太后张氏与元老重臣杨士奇、杨荣、杨溥执掌。张氏有浓厚的儒家思想，在当时被人称为"女中尧舜"[4]；而"三杨"又是著名的儒臣。宣德帝的养虫与斗虫的嗜好以及搜罗名花异鸟的行为，显然不符合他们心目中的儒家英主的规范，宣宗活着的时候他们虽能以宽容的态度保持缄默，但一旦故去，其不满的情绪就要化为行动了，所以太皇太后张氏在宣德帝死后的当年，就发布了如下命令：

> 将官中一切玩好之物、不急之务悉皆罢去，革中官不差。[5]

---

1 （清）张廷玉等，《明史》卷八《仁宗本纪》，北京：中华书局，1974年点校本，第108—111页。
2 同上书，卷一百六十二《陈祚传》，第4401页。
3 （明）沈德符，《万历野获编》卷二十四"技艺·斗物"条，北京：中华书局，1959年版，第625页。
4 （明）李贤，《天顺日录》，（明）邓世龙编：《国朝典故》中册，北京：北京大学出版社，1993年版，第1141页。
5 同上书，第1142页。又：《明仁宗实录》卷上，宣德十年正月初十日，正统帝即位诏书中亦有类似的记载。

这道诏令当为宣宗补过，其中的"不急之务"必指奢侈品的生产和花木虫鸟的搜刮。停止这些活动并"革中官不差"，显然是为了让民休息而采取的善政。罢去的"玩好之物"，必直指好斗擅鸣的蟋蟀以及宣德帝为养虫与斗虫的需要而命令景德镇御器厂烧造的极其精美而又奢华的虫罐。太皇太后罢去这些玩意儿有两重原因：一是防止对幼主产生不良影响，因为其时的正统帝年仅八岁，他急需学习儒家经典，而养虫与斗虫很容易使人（特别是儿童）入迷，荒废学业；二是为了维护儿子的形象，因为她认为养虫与斗虫不是明君应该做的事情。于是宣德帝喜欢的精美的蟋蟀罐，就被这位"女尧舜"罢去，而成为禁毁之物了。

上述文献是宣德癸丑（1433）进士、英宗朝翰林学士李贤的记录。这记录的背后不仅仅暗示着宣宗以后，宫中的养虫与斗虫之风终止，而且还透露出景德镇御器厂在正统至正德时期（1436—1521）停烧虫罐的原因。可见太皇太后的这道命令威力之大、影响之久！

而前述散落在不同地点的三件传世的青花虫罐，则有可能是宣德帝赏赐臣工的礼物，因为明代文献有宣德赐宠物于大臣的记载，如明人黄佐就记载过宣德三年（1428）宣德帝将十八笼鹦鹉分别赏赐给杨士奇等人的史实[1]。如果这个推测不错的话，那么前述三罐就因离开紫禁城而侥幸地逃脱了"灭顶之灾"，这也许就是它们能在故宫以外的地方保存至今的原因。

---

1 （明）黄佐，《翰林记》卷六"侍游禁苑"条，北京：中华书局，1985年《丛书集成初编》本，第74页。

十　小结

1. 出土于景德镇明御器厂故址的书有宣德年款和绘有双角五爪龙纹的虫罐（图十三、图十四、图十五），证实明宣宗确有蟋蟀之好，晚明野史笔记中的有关记载，虽然来自传闻，但真实可靠。

2. 宣德官窑虫罐，可分坐盖与平盖两式，坐盖式出土于宣德早期地层，约制于洪熙元年九月至宣德五年九月间（1425—1430），平盖式则制于宣德八年至十年（1433—1435）。

前述传世品中的黄地青花瓜叶纹坐盖式虫罐属宣德窑早期遗物，苏州文物商店所藏青花牡丹纹平盖式虫罐与日本户栗美术馆所藏怪兽纹平盖式虫罐则属晚期遗物。但户栗藏品罐盖为卷草纹，罐身绘怪兽，如以出土物中罐盖与罐身纹饰之主题必须一致为标尺，则户栗虫罐的罐盖与罐身的主题纹饰不同，不是原配之物（按：珠山路明御器厂故址有罐外壁绘卷草纹的残片出土）。以上传世三器，很可能是宣宗赏赐臣工之物，故能侥幸流传至今。

3. 出土物中的一组有浙派画风的青花花鸟纹虫罐，其纹饰的粉本，可能出自宣宗本人或仁智殿御用画家之手，也有可能是宣宗派遣浙派画家到景德镇御器厂绘制；其年款的粉本当由沈度书写，御器厂工匠照粉本临摹。该组瓷器是宣德窑中艺术价值最高的制品，不仅仅是研究明代宫廷生活，而且也是研究中国陶瓷艺术史、中国绘画史的非常可靠、非常新颖的资料。

4. 明代御器厂在宣德之后的一个世纪里没有烧造虫罐,清宫藏瓷中的1774件宣德瓷器里也不见蟋蟀罐,其原因与宣德帝猝死之后执掌大权的太皇太后张氏(宣德帝的母亲,正统帝的祖母)有关。张氏执政后有罢去"玩好之物"的诏令,使宣德窑虫罐在紫禁城中无地容身,因而清宫藏瓷中就不见该类遗物了。

初稿完成于1994年10月美国密歇根大学图书馆
并于1994年10月14日在美国华盛顿国立佛利尔美术博物馆第八届"约翰·亚历山大·波普纪念会"上演讲发表
修订稿完成于2001年初秋景德镇九砚山房

跋 一本书、一个学者、一种研究
——刘新园及其新著

尚 刚

一

出于种种一言难尽的原因，以前，刘新园竟从未在大陆出版著作，二十年来，就连论文也绝少发表。但同时，他却在海外频频刊布著述、不断进行学术演讲，其研究赢得了很高的国际声誉。于是，其新作难见，便常被大陆学人引为憾事。如今，情况终于改变，这应当感谢出版社的努力。

刘新园之所以引人注目，当然首先在于其学术贡献。我的工作是中国工艺美术史（包括陶瓷在内）的研究和教学。由于这个学科的稚嫩，由于刘新园的出色研究和这个稚嫩学科至为密切的联系，所以，对他的学术贡献，我或许有比较特殊的体认。以下，想约略谈谈的，就是我所认识的在当代陶瓷史研究背景中的刘新园及其新著《明宣德官窑蟋蟀罐》。

应当事先说明，刘新园此著本是篇讲演稿，原是给第八届波普纪念会写作的，纪念会于美国佛利尔美术博物馆召开，那还在1994年10月。约翰·波普为著作宏富、影响深远的美国现代东方学家，在中国陶瓷的学术史上，这个名字也极其响亮，以科学的方法研究元青花就是从他开始的，著名的"至正型"也是由他提出的。1995年，讲演稿以《明宣德官窑蟋蟀罐》为名，由台北的艺术家出版社出版单行本，还被译为英文先发表、后出版。如今，为大陆版，刘新园又做了不小的修改，主要是增写了关于鹰犬纹的讨论，添加了《清宫藏瓷中为何不见宣德蟋蟀罐》一节。

二

如果说，刘新园的工作有一个核心，那么，它显然是景德镇的陶瓷考古。倘若只从景德镇陶瓷考古研究所成立算起，在这个元明清最重要的陶瓷产区，刘新园和他的同事也勤奋工作了近二十年。他们的工作虽艰苦而琐细，但成绩斐然，令人感佩。因为，至少人们知道，有权在景德镇考古的，不止一家，但唯独刘新园领导的研究所，以大大小小的残片，粘对复原出了上万件元明官窑瓷器（还有许多重复品，因库房狭小、不能存放而暂未粘对）。围绕这些科学发掘的出土物，十多年来，刘新园在海外刊布了大量深刻而绵密的论著。

刘新园何以被看重，一个基本的原因便是其研究的实物证据充足、可靠。这同拉扯出片断牢靠或不大牢靠抑或甚不牢靠的材料，发表些胡言乱语截然不同，也和随意牵引材料，做高屋建瓴状，凌空驾虚地说"道"论"器"根本不同，而后两种轻浮的态度，不仅已在工艺美术史研究中风靡多年，并且，还在蔓延扩展。与刘新园辛勤著述同时，国内的收藏风气日盛一日。元明官窑瓷器是古董买卖的一大热点，于是，关于它们的鉴定论著也铺天盖地。有心人不难发现，那些论著大多陈词滥调充溢，稍好的，虽然编排巧妙，但实质言论却依然似曾相识。假如不考虑出版家、撰著者的商业动机、专业能力的话，资料的问题就是症结的所在：他们依据的实物大抵是传世品，这些传世品非但往往来历不清、时代难明，且数量也常常不多。

对研究而言，资料的准确至关重要。传世品常常浸染着造作时代欠准确的先天弊病，因为，从北宋末年开始，中国制作里的仿古作旧便逐渐发展为专业，形成了传统，并且，时代越晚，摹仿的手段也越加高明，那些材美工良的精妙官府制作就是摹仿的重点。这样，传世品会在艺术价值往往较高的同时，还伴生着科学价值常常较低的缺陷。对研究而言，极其重要的还有资料占有的充分。一个常识无须证明，如若依据片断的资料，结论的客观也无法想象。

刘新园终归不同，以数量言，他和其同事粘对出的元明官窑瓷器远远超过今世公私收藏的总和，至于其品类之全，也令任何公私收藏无法比拟。这样，若以景德镇瓷器的鉴定论，刘新园的意见也一定比其他人更可信赖，而基于资料的差距和方法的区别，刘新园的结论常与他人有不小的出入，甚至截然相反。

仅以此著的资料为例。以前议论宣德官窑蟋蟀罐，实物资料不过寥寥数件，被刘新园引入讨论的则将近三十件，不但数量相差悬殊，且与通常所据为传世品不同，其核心是得自窑址发掘的 22 件。如果只讲鉴定，刘新园也做了不少远比他人细密严谨的工作。比如，经过多角度、多层面的考察，他指出，坐盖式的蟋蟀罐制作在宣德元年（1426）至五年（1430），平盖式则烧造于八年（1433）到十年（1435）。这个结论的获取及其可信性无疑是鉴定家难以梦见的。

说到底，刘新园的卓然成家，正在于他心存高远的学术理想，这使其工作比习见的鉴定学或艺术史研究高明得不可以道里计。而这个理想显然是捕捉行将消逝的历史信息，揭示器物与人、与时代的内在联系。

三

尽管刘新园的工作依靠着最充分、最可靠的实物资料，但是，如果止步于准确地描述它们，只配进行即令比"瓶儿高，罐儿低"高明，也必定有限的讨论，因此，其后继的工作便是对实物的全力解说。

以此著为例，为深入、全面地解说这些蟋蟀罐，刘新园大量引用了文献等其他资料。其中，不仅有正史、笔记，还有实录、政书、韵书、类书、别集等。实录里，不仅有中国的《明实录》，还有朝鲜的《李朝实录》。一般研究古代陶瓷，所用图录多仅限于陶瓷，而此著引用的却大多是绘画图录。至于前人、时贤的直接成果和相关研究，更被作者一再称引。借助它们，刘新园分别判定了坐盖、平盖两式的烧造时间;认为传世宣德官窑蟋蟀罐是赏赐臣工之物;指出了器物年款和若干装饰粉本可能的作者,解说了宣德官窑蟋蟀罐不见于清宫旧藏的缘由等。以我的见闻,在一般的艺术史或鉴定学论著中,这类讨论绝对新颖、绝对独特。

自不待言,引出这些讨论的依据,就在丰富的文献等其他资料。其实,同绝大多数陶瓷史论著比较,大量引证文献正是刘新园著述的又一特色。依靠这些资料,刘新园论证了许多重大的学术问题,如他建立起元青花同浮梁磁局以至蒙古帝王的联系[1],提出《陶记》并非出自元人之手,而是南宋著作[2],近日,又率先解说了元文宗时代的官窑瓷器[3]。但令人啼笑皆非的是,由于一些羞于诉说的原因,早些年,他曾获罪于少学多术的若干名人,于是,他的大量参证文献竟被斥为"迂回论证",居然还引来了"蹈袭古人"的昏话。

为何必须引证大量文献?道理也真单纯:古代陶瓷都是某人或某些特定的人,在某个特定的背景下,为着某种特定的目的,选用某种特定的材料,采用某种特定的技术,为特定的某个人或某类人制作的。因此,不同的制作者、不同的环境、不同的目的、使用人不同的身份和喜好等,都会招致作品造型、装饰、质料的种种差异。合格的陶瓷史研究应当认清这些差异,并竭力解说它们。而陶瓷毕竟无言,仅凭它,无从获取隐藏其中的历史信息,无法揭示器物与人、与时代的关系。

当年,在讲授历史方法时,洪业先生沿用其美国老师的方法,要学生掌握五个 W,即 WHO(何人)、WHEN(何时)、WHERE(何地)、WHAT(何事)、HOW(如何)。以后,其弟子、已故的周一良先生执教,又加了一个更重要的 W,

---

1 《元代窑事小考(一)》《元青花特异纹饰和将作院所属浮梁磁局和画局》,《景德镇陶瓷学院学报》第 2 卷第 1 期,第 67—78 页;第 3 卷第 1 期,第 9—20 页。
2 《蒋祈〈陶记〉著作时代考辨》,此文初发于《景德镇陶瓷》1981 年第 10 期,第 5—35 页。修改后,又被收入中华书局的《文史》辑刊第 18 辑,第 111—130 页;第 19 辑,第 97—107 页。
3 《元文宗——图帖睦尔时代之官窑瓷器考》,《文物》2001 年第 11 期,第 46—65 页。

即 WHY（为何）[1]。可以说，掌握了这六个 W，历史问题就明晰了。然而，由于资料的限制，此方法应用在陶瓷等工艺美术史研究中通常太难，但先求真，遇有可能，再去求解，总是分内之事。

所谓求真，即判别真伪、讲清哪个时代有什么、哪个名词指什么；所谓求解，即在求真的基础上，努力解说某种艺术现象的出现何以在此时，而非彼时，它何以是这样，而非那样。我相信，刘新园依靠充分且可靠的实物资料，再引证大量的文献史料，目的必定在此。

除了为求真、求解之外，看重文献史料的原因起码还有：时代悬隔，今见的实物在当时的地位、价值、意义如何，现在不可能全部明了；年代湮远，今见的实物绝不是古人创作的全部，难以说明陶瓷史上的更多现象。因此，文献既是解说实物的依据，又是补足实物欠缺的知识来源。特别是在史学传统优秀和文字记载无数的中国，文献将永远发挥不可替代的作用。

关于称引文献史料的必要，似乎早已尽人皆知。不过，该称引什么，却并非人人明白。所谓文献史料，主要指与所述议题同时或时代接近的古人的记载。之所以特地强调时代，全因为符合这样的史料通常更少三人成虎的弊病。可惜，一再有人表现出对此的茫然，尤其是在充溢市肆的各类鉴定论著里，所引文献竟大都出自明清的古董著作，哪怕议题是在此数百年前的艺术。尽管明清的古董议论也不乏真知灼见，但他们对唐宋古物的知识却不会多过今日。其间的道理实在简单，除去学术的积累以外，还有，今日的考古学手段他们绝没掌握。

另有一种现象令人骇怪：往往越爱滥引的作者就越爱轻松指责文献史料。其实，如同今人对眼前事物的议论也常有偏差一样，文献史料出现失误本无足奇，而今人的认识水平不高出古人反倒应受指责。毕竟千百年过去，今见的实物和文献不仅都必有遗缺，而且也难以一一直接对证。因此，有实物而无文献，不该苛责文献的疏漏，有文献而无实物，也不该指斥文献的虚妄。也因为今存的实物和

1　周一良，《毕竟是书生》，北京：北京十月文艺出版社，1998 年版，第 20 页。

文献都必有遗缺，所以，严谨深入的艺术史才应当由实物和文献共同构建，所以，艺术史研究才有意义，专家支薪领饷才有理由，学者交稿取酬才不惭愧。

近年，又新添了一种自残式的奇妙论调，说工艺美术史研究应该自有特点，不该用大量引证文献的历史学高标准来拘束。再清楚不过，如果乐意冠自己的研究以"史"，那么，就必须遵循历史研究的基本规则，一旦改变了这个规则，就该给研究另觅新名。就像是玩扑克牌，如果把"升级"的规则变易为"拱猪"，那么，牌戏的名称也只能从"升级"换成"拱猪"。倘若说工艺美术史研究自有特点，那么，就是应当比一般的历史研究更关注考古学和科技史。

我想，刘新园肯定赞同我的说法，因为，他早已做出表率，这不仅表现在实物和文献的充分、可靠，还反映于他对工艺和材料的深入研究。

四

陶瓷器必定是利用某种材料，又借助特定工艺制成的。因此，器物的美以及形式特点必定受到材料和工艺的制约，不同材料、不同工艺必定引出器物形式的变化。为准确把握古代陶瓷，合格的研究者理当充分了解材料特点和工艺条件。与绝大多数陶瓷史家不同，对此，刘新园有充分的了解；同少数充分了解这些的陶瓷史家区别，对此，刘新园有深入的研究。从艺术史的角度关注并研究制作工艺和材料，显示的自然是刘新园识见的深宏、学术的广博，而其研究大多具有开创性和启发意义。

二十年前，刘新园便已成名。在其早期论文中，就包括了探讨制作工艺和陶瓷材料的篇章。我以为，其中，最具代表性的两篇是《景德镇湖田窑各期典型碗类的造型特征及其成因考》[1]和《高岭土史考》[2]。

---

1 《文物》1980年第11期，第50—59页。
2 《中国陶瓷》1982年第7期，第141—182页。此文与白焜合作。

前一篇从生产者的工艺条件和作坊主的经济利益、需求者的实用和审美要求，考察了由五代至明的六种碗盘类器物的造型变异，指出，在这四者之中，工艺条件最为重要。此文中，刘新园着力尤多的是装烧，因为，多年的研究令他确信，在涵盖了原料的选择与制备、成型、装烧、烧成等多环节的工艺因素中，装烧对造型的影响最大、最直接。在文章发表的年代，讨论造型的流行角度是审美，若干艺术史家正痴迷着对形式因素的分析，但说来说去，不外那么几个公理式的原则及其浅近的引申。刘新园的结论真有振聋发聩的作用，令那些艺术史家突然醒悟，原来导致造型变迁的还有更深刻的原因，居然新的工艺能引来新的时尚。如果追溯，此文的一部分已经刊布于六年以前，即《景德镇宋元芒口瓷器与覆烧工艺初步研究》[1]，近日，还有考古学家向我谈起它的启发意义，而附于文中的支圈组合式匣钵的覆烧工艺线描示意图，直到今日，仍在被陶瓷史论著一再引用。

《高岭土史考》是篇在地质等自然科学会议上宣读梗概的长文，总约 4 万字。文中，刘新园不但从原料的变迁及官府对原料的控制，讨论了景德镇 10—19 世纪的制瓷业的盛衰、高岭土名称的历史变异，又专门研究了不同原料的物理、化学特性和它们对瓷器质地的影响，还从万历至乾隆时代高岭土矿遗址现存的尾砂数量，参以丰富的工艺知识和大量文献史料，推算了那 200 年间景德镇所产瓷器的总重量。可惜，发表此文的刊物不大著名，故文章的知名度也不甚高。因此，近年还上演过一幕闹剧：在一次国际讨论会上，大获赞扬的某公"论文"竟是《高岭土史考》的部分不很准确的摘要。

其实，对制作工艺和材料的密切关注及深入探讨，几乎贯穿在刘新园所有的论著里。近例就有，在研究宣德祭红釉时，他讨论了祭红釉和寒水石的关系，为此，特地就教于精于仿制的著名老艺人，并检索过 20 世纪 50 年代献给国家的民间配釉秘方等，又参证了《明实录》和《本草纲目》[2]；他研究元代孔雀绿釉瓷器

---

[1] 《考古》1974 年第 6 期，第 386—393 页转第 405 页。
[2] 《景德镇出土明宣德官窑瓷器》，台北：鸿禧美术馆，1998 年版，第 175—176 页。

同波斯陶器的亲缘，不仅从釉色的相同出发，更以丰富的工艺知识，根据化妆土的使用，证明了蒙古族上层喜爱伊斯兰文明的深挚[1]。

五

和刘新园一样，我做古代工艺美术，也是从中文转行的。甫识门径，便常对时贤的论著生出种种的不满足。一日，读到刘新园的《景德镇湖田窑各期典型碗类的造型特征及其成因考》，大受启发，极为振奋——原来，工艺美术史可以这样做！以后，又读到他的《元代窑事小考》和《元青花特异纹饰和将作院所属浮梁磁局和画局》，又惊叹他驾驭资料的能力和思想的敏锐。于是，我便去景德镇拜访，还记得那是在1983年春末的一个晚上。当时，他住陶瓷馆内的两间平房，屋内局促，我们便搬了小板凳，对坐在门外内部过车的斜坡上。他是成名学者，我仅为研究生，承他不弃，畅谈良久，并从此订交。

在交往中，愈益深切地体会到，在我的学术朋友中，刘新园是思想最活跃、最敏锐的一位；以丰富的学识做基础，他的研究常常蕴含了迁想妙得甚至异想天开的成分。按说，年纪愈长则创造力愈低，但他虽年逾花甲，却仍鼓涌着日益高昂的创造激情。以我熟悉的元代情况说，近来，他几乎从资料的绝境中，梳理出元文宗时代官窑瓷器的脉络，而正在研究的则是资料同样匮乏的元顺帝时代的官窑瓷器。我以为，对其他任何陶瓷史家、艺术史家而言，这应当是无从措手的。

学术史早已证明，任何人文科学的研究都不会穷尽真理，而只能接近真理。据此，包括古陶瓷研究在内的合格的艺术史，都是在严肃讨论着历史的可能性，希望最大限度地接近历史的真实。这样，刘新园的学术也只是提出了种种尽可能客观、严密的推断。或许，它们难以令所有研究者赞同，不过，我相信，但凡具有学术良知，都不会因观点的差异而否认刘新园研究的价值，若身在鉴定学、陶

---

[1] 《元文宗——图帖睦尔时代之官窑瓷器考》，《文物》2001年第11期，第59页。

瓷史学科，还该感谢他的开拓之功、启发之惠。因为，他不仅依据了充分而可靠的实物与文献资料，并且，学术器局开阔，思想缜密，从多层面、多角度，深入、绵密地提出和解决了许多重要的课题。尽管他的结论会被动摇，甚至推翻，但不应怀疑，他研究的角度和方法常常为后继研究铺设了崭新的学术平台，推开了当时尚无人启用的认知窗口。

因此，我确信，学术史将会证明，刘新园的研究具有重要的意义，这意义不仅在于在具体课题上，他硕果累累，更在于对现今仍然大大落后于其他相邻学科的国内艺术史、鉴定学而言，他的研究角度和方法富有创造力和启迪性。至少在艺术史、鉴定学领域中，刘新园是位既开风气且为师的人物。

将近二十年了，我每次读到刘新园的新作，都会从专业的角度，感受鼓舞、体验愉悦。而以著述不断令更多的大陆学人有同样的感受和体验，就肯定不是我个人对刘新园的热望和祝福了。

2001年岁末于北京寓所炉边，2002年夏修订

后记：

"千禧"年初秋，我到景德镇开会。会上，江西美术出版社的编辑得知我同新园先生交谊极深，就拉我去刘府约稿。我反复劝说，新园先生方应允修订《明宣德官窑蟋蟀罐》，并命我作序，我自忖鄙陋，多次推辞，于是，竟延宕经年。待我写成，书已开印。无奈，序文变身书评，发表在2002年第8期的《东南文化》上。为此，新园先生几次表露遗憾。如今，小文终于同新园先生大作印在一起，新园先生九泉有知，也会欣慰。而我，仍在为他的辞世痛惜哀伤。

2014年8月31日

又记：

此次三联书店出版《明宣德官窑蟋蟀罐》（修订版），商量将此文放上，作为跋语，我欣然接受。这不但了却我心头多年的一桩心事，也算是对新园先生在天之灵的告慰。

2018 年 5 月 8 日

附一　宣德官窑蟋蟀罐图例

图一　景德镇出土宣德官窑青花蟋蟀罐全貌

附一 宣德官窑蟋蟀罐图例 | 103

图二 青花行龙纹蟋蟀罐，高 9.3 厘米、
口径 13 厘米、底径 12.1 厘米

104 | 明宣德官窑蟋蟀罐

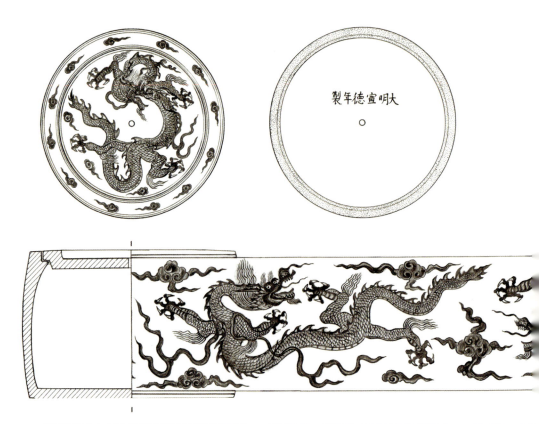

附一 宣德官窑蟋蟀罐图例 | 105

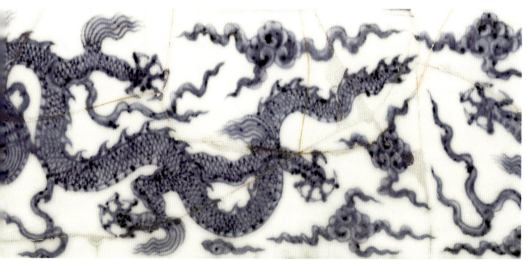

图三 青花螭龙纹蟋蟀罐,高 9.3 厘米、口径 13.1 厘米、底径 12.1 厘米

附一　宣德官窑蟋蟀罐图例 | 107

明宣德官窑蟋蟀罐

附一 宣德官窑蟋蟀罐图例 | 109

明宣德官窑蟋蟀罐

图四 青花云龙纹蟋蟀罐，高9.5厘米、口径13厘米、腹径14厘米、底径11.9厘米

附一　宣德官窑蟋蟀罐图例 | 111

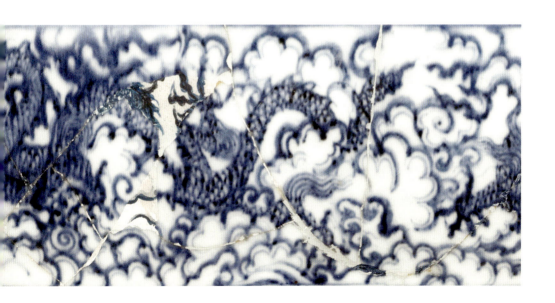

图五　青花鹰犬纹蟋蟀罐，高 9.4 厘米、口径 13.2 厘米、底径 12.2 厘米

附一　宣德官窑蟋蟀罐图例 | 113

明宣德官窑蟋蟀罐

附一　宣德官窑蟋蟀罐图例 | 115

图六　青花天马纹蟋蟀罐，高 9.5 厘米、
　　　口径 13 厘米、底径 12 厘米

附一 宣德官窑蟋蟀罐图例 | 117

明宣德官窑蟋蟀罐

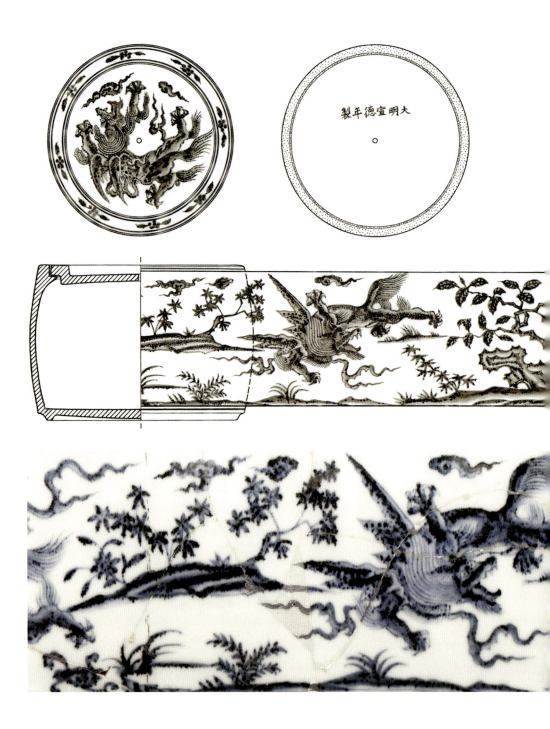

附一　宣德官窑蟋蟀罐图例 | 119

图七 青花海兽纹蟋蟀罐,高9.3厘米、口径13.1厘米、底径12厘米

附一　宣德官窑蟋蟀罐图例 | 121

明宣德官窑蟋蟀罐

附一 宣德官窑蟋蟀罐图例 | 123

图八　青花莲池珍禽纹虫罐，高 9.4 厘米、口径 13 厘米、腹径 14 厘米、底径 12 厘米

附一 宣德官窑蟋蟀罐图例 | 125

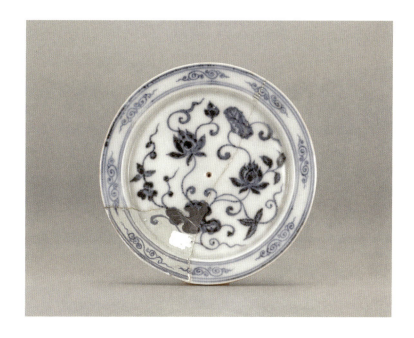

明宣德官窑蟋蟀罐

附一 宣德官窑蟋蟀罐图例 | 127

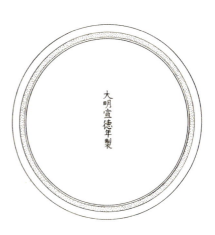

图九　青花白鹭黄鹂纹蟋蟀罐，高 9.5 厘米、
　　　口径 13.5 厘米、底径 12 厘米

附一 宣德官窑蟋蟀罐图例 | 129

130 | 明宣德官窑蟋蟀罐

附一　宣德官窑蟋蟀罐图例

图十 青花汀洲白鹭纹蟋蟀罐，高9.5厘米、
口径13厘米、底径12厘米

附一　宣德官窑蟋蟀罐图例

134 | 明宣德官窑蟋蟀罐

附一 宣德官窑蟋蟀罐图例 | 135

图十一　青花汀洲竹鸡纹蟋蟀罐，高 9.6 厘米、口径 13.2 厘米、底径 12 厘米

附一 宣德官窑蟋蟀罐图例 | 137

138 | 明宣德官窑蟋蟀罐

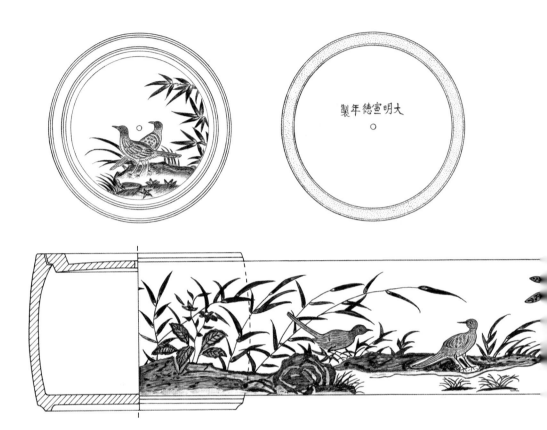

附一 宣德官窑蟋蟀罐图例 | 139

图十二　青花汀洲竹鸡纹蟋蟀罐（无款），高 9.3 厘米、口径 12.8 厘米、底径 12 厘米

附一　宣德官窑蟋蟀罐图例 | 141

明宣德官窑蟋蟀罐

附一 宣德官窑蟋蟀罐图例 | 143

图十三　青花汀洲鸳鸯纹蟋蟀罐，高 9.5 厘米、口径 13.2 厘米、底径 12.3 厘米

附一 宣德官窑蟋蟀罐图例

146 | 明宣德官窯蟋蟀罐

附一 宣德官窑蟋蟀罐图例 | 147

图十四 青花凤凰云纹蟋蟀罐，高 9.7 厘米、口径 13 厘米、底径 12.1 厘米

附一 宣德官窑蟋蟀罐图例 | 149

图十五　青花凤穿花纹蟋蟀罐，高9.5厘米、口径13.1厘米、底径12.1厘米

附一　宣德官窑蟋蟀罐图例 | 153

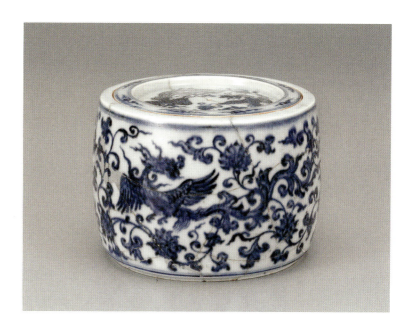

154 | 明宣德官窑蟋蟀罐

附一 宣德官窑蟋蟀罐图例 | 155

图十六　青花樱桃小鸟纹蟋蟀罐，高 9.3 厘米、口径 13.2 厘米、底径 12.2 厘米

附一 宣德官窑蟋蟀罐图例 | 157

158 | 明宣德官窑蟋蟀罐

附一 宣德官窑蟋蟀罐图例 | 159

图十七　青花樱桃小鸟纹蟋蟀罐（无款），高 9.5 厘米、口径 12.8 厘米、底径 12.1 厘米

附一 宣德官窑蟋蟀罐图例 | 161

162 | 明宣德官窑蟋蟀罐

附一 宣德官窑蟋蟀罐图例

图十八　青花牡丹纹蟋蟀罐，高 9.5 厘米、
　　　　口径 13 厘米、底径 12.2 厘米

附一 宣德官窑蟋蟀罐图例 | 165

166 | 明宣德官窑蟋蟀罐

附一　宣德官窑蟋蟀罐图例

大明宣德年製

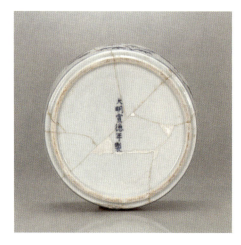

图十九 青花松竹梅蟋蟀罐,高 9.5 厘米、口径 13 厘米、底径 11.7 厘米

附一　宣德官窑蟋蟀罐图例 | 169

170 | 明宣德官窑蟋蟀罐

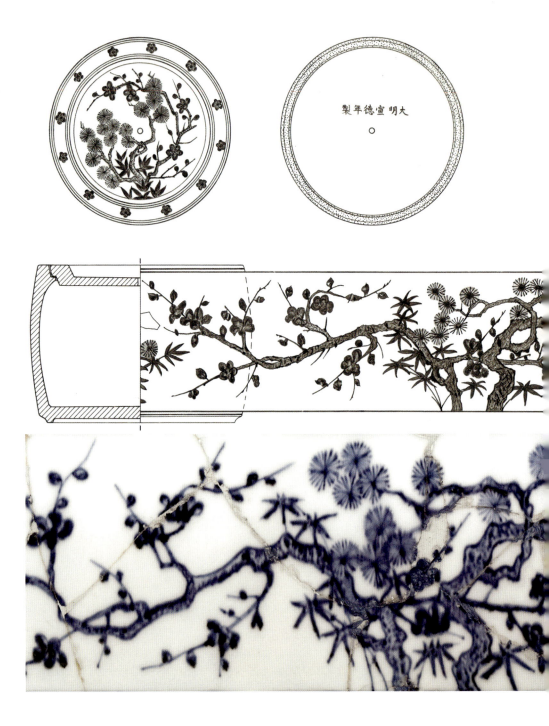

附一　宣德官窑蟋蟀罐图例

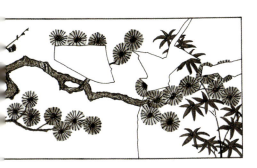

图二十　青花松竹梅蟋蟀罐（无款），高9.4厘米、口径12.5厘米、底径12厘米

附一 宣德官窑蟋蟀罐图例 | 173

174 | 明宣德官窯蟋蟀罐

附一 宣德官窑蟋蟀罐图例

图二十一　青花瓜蒂绵连纹蟋蟀罐，高 9.5 厘米、口径 13.1 厘米、底径 12.1 厘米

附一　宣德官窑蟋蟀罐图例 | 177

附一 宣德官窑蟋蟀罐图例

图二十二 青花瓜蒂绵连纹蟋蟀罐（无款），高 9.5 厘米、口径 12.8 厘米、底径 12.1 厘米

附一　宣德官窑蟋蟀罐图例 | 181

182 | 明宣德官窑蟋蟀罐

附一　宣德官窑蟋蟀罐图例 | 183

图二十三　青釉蟋蟀罐，通高 9.6 厘米、口径 13.4 厘米、底径 13.1 厘米

附一 宣德官窑蟋蟀罐图例 | 185

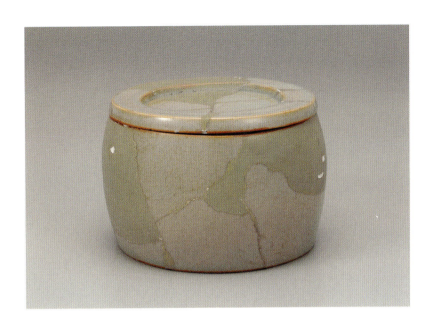

附图：二〇一四年五月，明宣德官窑蟋蟀罐发掘原址出土的各式过笼——编者补
这次出土的宣德过笼，有青花与仿哥釉两种。青花过笼的纹饰有花卉、瓜
果与松竹梅纹，盖均为扇形，多作瓜形钮。仿哥釉过笼则是叶形盖，以
凸起的叶脉为盖钮。

附一 宣德官窑蟋蟀罐图例 | 187

附二　刘新园先生手稿（部分）

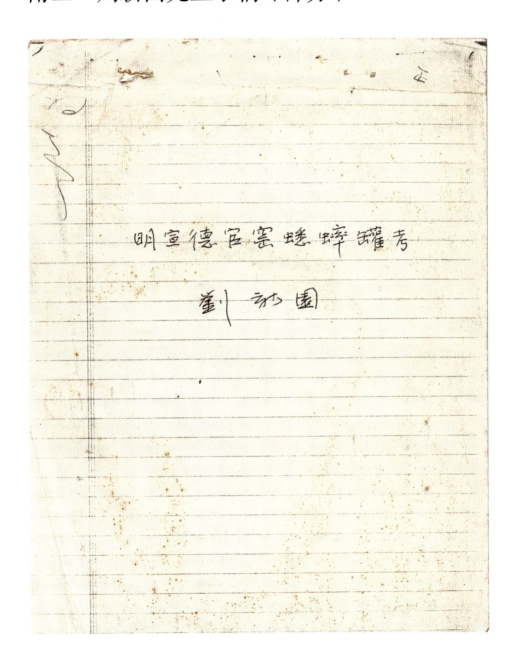

明宣德官窑蟋蟀罐考

1994年10月13日在美国纳尔弗利尔美术馆之邀，在华盛顿约·阿·波普博士纪念会上宣读的专题讲演稿

刘新园

1. 宣德帝与蟋蟀
2. 有关蟋蟀的文献与传世宣窑蟋蟀罐
3. 景德镇宣德官窑遗址中出土的蟋蟀罐
4. 蟋蟀罐的分期
5. 蟋蟀罐的造型与年款
6. 蟋蟀罐上特异的走兽与花鸟纹
7. 出土蟋蟀罐是"斗盆"而非"养盆"
8. 小结

一、宣德帝与蟋蟀

宣德帝——朱瞻基，从1425年（洪熙元年六月）即皇帝位，至1435年初春（宣德十年元月）病逝，年仅三十六岁。明王朝有国二百七十七年，宣德一代仅有九年零七个月。就整个王朝来说，它有如短暂的一瞬。然而，这却是明代最辉煌的一瞬。晚明史学家，把这一瞬比作中国历史上难得一见的太平盛时——西汉时代的所谓"文景之治"[1]，清初以谨严而称著的学者，也给这一瞬以："纪纲修明，仓廪充羡，闾阎乐业，岁不能灾"的评价[2]。

从文献记载来看，宣德帝不仅在军政方面有卓越的才干，而且还有许多业余爱好。比如"雅尚词翰""精於绘事"[3]"酷好促织之戏"多。

对宣德帝的前两种爱好，人们深信不疑，因有传世书画墨迹可与之相印证。而对后一种嗜好，则有不同看法，因为宣宗好蟋蟀的记载大都出自晚明野史笔记，且无实物证据。所以清初著名诗人王渔洋读到名著《聊斋志异·促织》（一篇描写因宣德宫中尚蟋蟀，官府逼一平民几乎家破人亡的故事）一文后，很有感慨地说：

宣德治世，宣宗令主，其台阁大臣又有三杨（荣、溥、士奇）蹇（义）夏（元吉）诸老先生也，顾以草虫纤物，殃民至此耶？惜哉！抑传闻异词耶？

王氏在这里除对宣德间岁进蟋蟀的史实表示怀疑外，他的宣宗令主、台阁贤良之颂的议论，还意味着宣德帝不会或者说根本没有了能对蟋蟀逝产兴趣。

至于宣德朝是否有"岁贡蟋蟀的命令"我们可以暂不讨论；而对宣德帝是否有蟋蟀之好，则应给予注意。因为历史不会消逝得无影无踪，假如皇帝果真有此爱好，必然会在遗物方面有所反映。

注释：

① 清·谈迁《国榷》《宣宗宣德十年》引明人何孟春的评论。中华书局，至1483。

② 《明史》本纪八《宣宗纪》中华书局 标点本，页126。

③ 《于安澜画史丛刊·徐沁〈明画录〉卷一》上海古籍 排印本第三册《明画录》页1。

④ 清蒲松龄《聊斋志异会校会注会评本》卷四《促织》上海古籍出版社 页489

⑤ 同注④

二、有关蟋蟀的文献与传世宣德官窑蟋蟀罐

蟋蟀（学名 Gryllus chinensis）别名繁多，西汉时别称蛩蛩，晋人以其鸣声如织，故称"促织"，明清时叫"趋织"，据说是蟋蟀之声相转而成。①

中国最早的文献——《诗经》中就有蟋蟀的习性与季候冷暖相关的描写。②美国大都会博物馆收藏的一幅宋画，就根据《诗经》为根据，以连环画的形式，把时间上有先后之分的事物，并列地摆在一个狭长的平面空间，让人们在同一时间看到该虫"七月在野、八月在宇、九月在户、十月入我床下"的情景。③

蟋蟀的鸣叫娓娓动人，公元六世纪齐梁时代的高僧道贲就把牠比作大自然的箫管，④唐代天宝年间的宫女，还把它装进金丝笼

放在枕头边。于夜深人静时,尽情地欣赏他那如泣如诉的鸣奏。他的好斗的性格似乎在宋代才被人发现。一但发现后,其音乐家的命运便宣告结束,从此以后就成了职业斗士。当时的蟋蟀饲养者,就像斗鸡、斗犬、斗马者一样,他们利用两个可怜的小虫,在相聚时一决生死的撕咬,来取乐、营利并进而设赌。南宋《西湖老人繁盛录》记临安之蟋蟀市场时谓:

(蟋蟀出时)乡民争提入城售卖,斗赢三、两个便望卖一两贯钱,若生得大,更会斗,便有一两银卖。每日如此,天寒方休。

养虫、斗虫不仅在市井中流行,官僚贵族

亦不例外，如《宋史》就记载着：蒙古重兵围困襄阳，南宋王朝在行将灭亡的前夜，醉生梦死的丞相贾似道，还在与群妾踞地斗蟋蟀"。宋以后也和宋代情况约略相似，如明人陆灿在《庚巳篇》中，记载着一虫迷在他的"英勇擅战"的蟋蟀死掉之后，竟然会像虔诚的佛教徒对待释迦舍利那样，以银作棺葬之"。清初 王穉登在《虎苑》中①有"吴俗好斗蟋蟀，以黄金·花马为注"的记载，拙闻老人《独鱼雅谈》中还记载着有人祭祀蟋蟀而设立虫王庙的……

从上揭文献来看，中国约在三千年前就有关於蟋蟀生态方面的描写，八世纪为了欣赏其悦耳的鸣叫而开始饲养，十二─十三世纪己出现斗虫之风。明宣德时离宋代已有两个多世纪了，宫中尚促织之戏，当然

不足而惶；但问题是宣德帝本人是否有此爱好，如果有，这位帝王定会当（拍）下精美的虫罐。因而，

一、宋明两代的斗虫家都（一些）讲究养虫的盂罐，如南宋《西湖老人繁胜录》记南宋临安有所谓"银丝笼、黑退光漆笼、板笼……"之类，明刘侗《帝京景物略》记当时北京人曾把蟋蟀罐叫作"将军府"。⑩ 我想宣德帝也不会例外。

二、宣德帝有很高的美术修养，除重视书画之外，还重视工艺品（的制作，如）宣德时代的铸铜、雕漆和瓷器都有极精极美之作。

关于宣德官窑的蟋蟀罐，明、清笔记有下列记载。

1. 明·沈德符《万历野获编》说：
　　今宣窑蟋蟀罐（罐）最珍重，其价不减宣和盆也。⑪

2. 明·李诩《戒庵老人漫笔》卷一《陆墓促织盆》条谓：

> 宣德时，苏州造促织盆，出陆墓邹莫二家，曾见雕镂人物，装彩极工巧。[12]

3. 近人徐珂辑《清稗类抄·鉴赏》王丹思条说：

> （宣德）宫中贮养蟋蟀之具，精细绝伦，故人得宣窑蟋蟀盆者，视若奇珍。

又说，王丹思购得的宣德戗金蟋蟀罐，为清初诗人吴伟业的旧藏，王曾作长歌纪事谓：

> 星移物换秋复秋，长闻唧唧虫吟愁。
> 金花暗淡盆流落；流落人间同瓦瓯。[13]

上列文献1～3，为景德镇官窑瓷盆，而谓

"金花暗嵌""同瓦甒"者,显然是指宣德官窑之"贴金"或者"描金瓷器",而不是其他材质的器皿;否则诗人就不会以瓦甒相比了。文献2为苏州两娃之陶盆,不属于本文讨论范围。现在遗憾的是吴伟业与王玶的旧藏未能流传下来,使我们无缘一见庐山真面。

关于宣德罐,除前揭史料之外,近人还有记录:

1、1931年李石孙《蟋蟀谱》卷一"盆考"条,绘有"大明宣德罐"线图一帧,罐作筒形,盖面与罐身绘有四爪龙,可能根据实物绘出。⑭

2、耿宝昌《明清瓷器鉴定》第三章,刊出一青花罐,缺盖,外壁绘牡丹,罐底有"大明宣德年制"六字楷书款。⑮

3、苏富比拍卖行1989年11月，在香港出版的一本《中国艺术品目录》，页45刊出一黄地青花花叶纹罐，"盖正中有一金属小纽，纹饰与常见宣德器一致。(15)

细察以上阁四，笔者以为均系目前可以信赖的官窑遗物，但仍不能确认为宣德帝的御用瓷器，因为器物上的四爪龙、牡丹花叶纹之类，都不是皇帝的专用纹饰。皇帝本人是否有蟋蟀之好，还需新的资料证实。

注释：
① 清·郝懿行《尔雅义疏·下五·释虫》同治九年木刻本页9。
② 清·陈奂《诗毛氏传疏》卷十唐·《蟋蟀》上册页10 同上卷十五·豳·《七月》上册页76. 商务印书馆1934年抓印本。
③ 美方闻《超越再现》纽约大都会艺术博物馆 1992年英文版页222—223

④ 唐·釋道演《續高僧傳·釋道超》第六 条
日本大正新修《大藏經》冊50,頁472。

⑤ 五代·王仁裕《開元天寶遺事》《說郛
三種》上海古籍出版社 頁2382。

⑥ 宋《西湖老人繁勝錄》《東京夢華錄五
種》中國商業出版社 頁12。

⑦《宋史》卷474《賈似道》

⑧ 明·陸粲《庚巳編》《說郛續》卷46
上海古籍出版社《說郛三種》頁687.

⑨ 清·王穉登《虎苑》卷下《說郛續》
頁846

⑩ 清 松閣老人《养虫秘集》卷一 光绪甲戌排印本 页4

⑪ 明·劉侗等《帝京景物略·胡家村
六》录歙县闵景《观斗蟋蟀歌》
北京古籍出版社 頁125.

⑫ 明·沈德符《萬曆野獲編》卷24
中華書局排印本 頁625.

⑬ 明·李詡《戒庵老人漫筆》卷一 中華
書局排印本 頁10.